Andrea Kilz

Ein Dorfkind aus der DDR
erinnert sich weiter

Im Buch „Erinnerungen eines Dorfkindes in der DDR" habe ich den Lesern ein weiteres Büchlein versprochen.
Nun halten Sie es in der Hand. Sie sind zu (m)einem „Kessel" bunter Erinnerungen eingeladen. Ich wünsche Ihnen gute Unterhaltung!☺

Vielleicht kann ich mit meinen Zeilen schöne Erinnerungen in Ihnen wecken, Sie zum Schmunzeln bringen oder Sie bei einer meiner Lesungen persönlich begrüßen und mit Ihnen über Erlebnisse plauschen.

An dieser Stelle danke ich erneut dem Leben. Eine kleine Seele hatte wohl einst den Wunsch geäußert, als Dorfkind und in der DDR aufzuwachsen. Unter meinem Namen durfte sie diese Erfahrung machen.☺

Allen „Mitwirkenden" dieses Büchleins gilt mein Dank!
Doch vor allem danke ich meinen Eltern. Ohne sie wäre ich nicht hier! Für alles, was sie getan oder gelassen haben. Dafür, dass sie mir Zeit geschenkt haben, in der ich sie mit meinen vielen Fragen zu meinen Erinnerungen zum Mit-, Nach- und Zurückdenken angestiftet habe, für sämtliche Unterstützung und „ihren Segen" zur Veröffentlichung!

Andrea Kilz

Ein Dorfkind aus der DDR erinnert sich weiter

Wie mich mein Schwimmring fast das Leben kostete

Bibliografische Information der Deutschen Nationalbibliothek:
Die Deutsche Nationalbibliothek verzeichnet diese Publikation in der Deutschen Nationalbibliografie; detaillierte bibliografische Daten sind im Internet über http://dnb.dnb.de abrufbar.

© 2019 **Andrea Kilz**

Illustration: **Andrea Kilz**

weitere Mitwirkende: **das Leben**

Herstellung und Verlag: BoD – Books on Demand, Norderstedt

ISBN: 978-3-738608151

Inhaltsverzeichnis

Fang das Licht 7

Berg- und Talfahrt 11

Mit Hitsche am Fenster 14

Wenn Dich die bösen Buben locken 18

Traumauto und beste Erfindung 23

Türen und Tore offen 26

Medizin nach Noten 28

Hartes Training im Hof 31

Für Elf 99 35

Da war Action – was für eine Marke 38

Meine erste Immobilie 43

Mit dampfender Birne 45

Rotlicht im Hof 46

Meine Eltern standen auf Koks 48

In die Tonne damit 51

Wie mich mein Schwimmring ....

fast das Leben kostete 55

Zu Mittag Knochen 57

Wie einer dem anderen sein Grab schaufelte ... 61

Eisprinzessinnen auf dem Acker 63

Wie kleine Mädchen Hausfrau werden 67

Mein allererster Hefekuchen 71

Murfatlar – na klar!	74
Der Ex mit Schulterstücken	76
Immer bereit und ständig in Bereitschaft	78
Die Russen kommen	84
Tabak original	87
M-m-m(h)	90
Gelbe Smileys auf grüner Etage	91
Immer wieder sonntags …	94
Was vor der Haustür geschah	97
Ein Kessel Buntes	100
Eine glatte Fünf für meinen Mut	105
Pommes – Juhu!	108
Da ging einem die Spucke aus	111
Schuppen waren weit verbreitet	113
War das ´ne Süße	115
Wir wussten uns zu wehren	117
Der kleine Trompeter	119
Selbstgemacht ist selbstgemacht	121
Opernführer und Lexikon	122
Sendepause	123
Die zehn Gebote	125
Ein Kapitel, dass Sie schreiben dürfen	127

Fang das Licht

„Fang das Licht ... von einem Tag voll Sonnenschein. Halt es fest. Schließ es in deinem Herzen ein.
Heb es auf und wenn du einmal traurig bist, dann vergiss nicht, dass irgendwo noch Sonne ist ...",
haben in den achtziger Jahren Karel Gott & Darinka geträllert.
Wenn ich mir heute im Internet eine Videoaufzeichnung davon anschaue, schmunzle ich übers ganze Gesicht. Denn ich trug den Haarschnitt wie Darinka!

Etwas später wollte ich frisurtechnisch wie C.C.Catch aussehen, doch egal, was ich ins Haar tat, es teilte sich immer wieder zu einem Mittelscheitel, statt fest nach hinten gestylt zu halten.

Morgens, wenn wir auf den Schulbus warteten, blickte ich neidisch – liebevoll neidisch wohlgemerkt – zu einer etwas älteren Schülerin hinüber. Denn bei ihr saß die Frisur! Genau so, wie C.C.Catch sie trug. Wau!

Mein Vater machte sich damals (wie übrigens heute auch noch) immer den Spaß und sprach C.C.Catch deutsch aus – so, wie man eben die Buchstaben auf Deutsch lesen würde.

Doch zurück zu Darinka. Zum einen lächle ich beim Anblick ihrer damaligen Frisur. Zum anderen freut es mich, wenn ich im Video ihre Bluse sehe.

Diese Bluse ist mit Schulterpolstern versehen und etwas länger. Heute würden wir Longbluse sagen.

Darinka trägt sie mit tief sitzendem Gürtel und einem Schlips. Genial. Ich liebte diese Mode und habe irgendwann in der neunten oder zehnten Klasse auch einen Schlips getragen.

Dieser schwarze schmale Schlips aus Kunstleder passte gut zu meinem blauschwarz karierten Flanellhemd. Außerdem hatte ich mir einen schwarz-türkis grünen Pullover gestrickt, zu dem er ebenfalls gut aussah.

Zu dem Pullover: Ich weiß noch ganz genau, dass ich immer einige Reihen mit rechten Maschen strickte, die ich dann mit einer Reihe linker Maschen unterbrach. Der Pulli war eigentlich kragenlos. Ich setzte Vorder- und Rückenteil im oberen Bereich zusammen. Das Schlupfloch für den Kopf blieb selbstverständlich offen. An diesem Bereich rollte sich der Pullover nach außen ein. Das sah nett aus.

Ich finde, die aktuelle Mode hat einen Hauch der Achtziger.

Karel Gott hat neben seinem Auftritt mit Darinka noch andere Spuren in mir hinterlassen! Darum erinnere ich mich an Ferien.

Vermutlich herrschte Regenwetter, denn sonst hätten wir nicht in der Stube gesessen. Wir – das sind mein Cousin Tilo (von dem im ersten Band schon des Öfteren die Rede war) und ich.

Während wir in der Stube saßen, hörten wir uns eine Schallplatte an. Und diese eine Platte „hoch und runter". Eigentlich müsste es heißen: von vorn und hinten. Für die jüngeren Leser dieses Buches zur Information: eine Schallplatte hat nicht nur zwei Seiten. Beide Seiten sind auch bespielt.

Die Gewohnheit an Platten war sicher der Grund, warum so mancher von uns (ich nicht ausgenommen!) seine erste CD wendete, um die zweite Seite anzuhören. (Lächeln)

Dazu eine weitere Anmerkung: Je nach Plattengröße, besser gesagt deren Durchmesser, musste man am Plattenspieler die Geschwindigkeit 33 oder 45 einstellen.

Nochmal zurück in die Stube, in der jeder in einem Sessel links und rechts neben dem Rauchtisch saß.

Nee nee, wir rauchten da nicht. Dieser Rauchtisch war ein Tisch, auf dem der Plattenspieler stand. Unter ihm befand sich eine Tischdecke. Je nach aktuellem Anlass wurde sie ausgetauscht, so zum Beispiel zu Ostern oder Weihnachten. Tischdecken waren beliebt.

Das geniale an diesem Rauchtisch war die Glasverkleidung, hinter der sich Omas und Opas Schallplatten befanden.

Ja und die Langspielplatte, die wir hörten, hieß *„Guten Abend, Gute Laune"*. Das gelang bei uns beiden. Sie brachte uns auch tagsüber viel Freude.

Ungelogen, wir konnten sämtliche Lieder mitsingen. Unser persönlicher Hit hieß *„Mein Herz, das ist ein Bienenhaus"*. *„... die Mädchen sind darin wie Bienen. Sie fliegen ein, sie fliegen aus, grad wie in einem Bienenhaus."*

Ob Sie es glauben oder nicht, ich kann den Text noch heute. (Leute. Leute!)

Jedoch mochten wir noch andere Titel. Dazu gehörten *„Babicka"*, *„Es war im Böhmerwald"* und *„Wochenend und Sonnenschein"*. Na, singen und pfeifen Sie auch weiter?

Ich bin gerade voller Ohrwürmer!

Nun ja, so, wie sich die Erinnerungen in den Ohren bemerkbar machen, kommen noch viele andere ans Licht. Das Licht kann ich nicht fangen, doch meine Erinnerungen hab ich eingefangen und aufgeschrieben.

Ich lasse Sie gern daran teilhaben und hoffe, Sie haben reichlich Freude beim Durchstöbern der folgenden Kapitel.

Nun wünsche ich Ihnen viele schöne Erinnerungen & Lichtblicke.

Berg- und Talfahrt

Der Fläming, meine Heimat, ist weitestgehend flaches Land.
Trotzdem existieren Berge, wie zum Beispiel die Höllenberge. Sie befinden sich nahe bei einem Dorf, in dem eine Schulfreundin wohnte. Für mich hatte deren Bezeichnung Höllenberge immer etwas Mystisches.

Bezüglich meines Heimatdorfes erinnere ich mich nur an unseren Rodelberg. Der war aufgrund glücklicher Umstände durch den Bau eines Wohnblocks entstanden. Der hoch aufgeschüttete Erdhügel eignete sich prima zum Rodeln. Von zu Hause aus hatte ich es dorthin nicht weit.

Ich konnte „hinten herum" durch den Garten und am Feldrand entlang zu ihm gelangen. Ebenso brauchte ich „vorn herum" nur an sechs Häusern vorbei und einmal um die Ecke biegen.

Doch meine Berg- und Talfahrten fanden woanders statt. Ich liebte sie und vermisse sie heute.

Hin und wieder ruft ein Fahrbahn-Buckel ähnlich schöne Gefühle im Bauch hervor.

Empfindungen, die uns damals auf dem Rummel eine Berg- und Talbahn schenkte. Herrlich!

So einfach, harmonisch und schön!

Viel mehr brauchte es nicht, um Spaß zu haben. Außerdem mochte ich auf einem Rummel das Büchsenwerfen. Naja und natürlich Lose ziehen.

Tatsächlich habe ich mal den Hauptgewinn gezogen und eine Campingliege gewonnen. Ich möchte behaupten, dass die Gewinne damals gar nicht so unsinnig waren.

Was wohl schon seit Ewigkeiten existiert, sind Kinderkarusselle. Viele von uns haben sicher mindestens ein Foto davon, wie sie stolz auf einem Motorrad, Auto oder Plastiktier ihre Runden drehen.

Von mir gibt es unter anderem ein Bild, auf dem ich in einem Auto die zufriedene Beifahrerin meines Cousins bin.

Der Cousin, dem ich bald darauf das Ja-Wort gab. Nun erschrecken Sie bitte nicht. Wir haben keine standesamtlich beglaubigte Ehe geschlossen. Im ersten Band können Sie mehr über unsere Hochzeit lesen.

Ebenfalls im Kreis, doch auf anderer Ebene, nämlich der vertikalen, fuhren wir früher schon im Riesenrad.

Doch damit hatte es sich fast mit den Fahrgeschäften. Auf großen Jahrmärkten gab es vielleicht noch Kettenkarussells oder eine Luftschaukel. Ein Schaukelschiff nenne ich sie gern, doch heißt es richtig Schiffsschaukel.

Unser Disneyland war der Berliner Plänterwald. Sein Riesenrad war die Kulisse für die DDR-Fernsehserie „Spuk unterm Riesenrad".

Ich mochte die Serie nicht schauen. Grund dafür war eine der Hauptfiguren, die mich gruselte. Eigentlich sahen in meinen Augen alle drei nicht sympathisch aus, sondern verdammt komisch.

Obgleich das Wort „verdammt" eine Erinnerung weckt, die mir jetzt beim Thema Rummel noch kommt. Im Teenager-Alter sah ich einem Jungen beim Büchsen werfen zu.

Während es dabei um mich und mein Herz geschah, erklang aus dem Lautsprecher Wolfgang Ziegler, der „Verdammt" sang.

Kennen Sie das Lied noch? Gleichzeitig sehe ich ihn im grünen Blazer auf einem hellgrauen Plattencover vor mir.

Ich war dann übrigens auch dazu verdammt, den Jungen vom Büchsenwerfen nie wieder zu sehen. (Zwinkern)

∞

„Das ganze Leben ist eine Berg- und Talfahrt. Es geht auf und ab. Dafür sorgt der Rhythmus des Lebens. Das Rad des Lebens dreht sich immer weiter. In dem Wissen dürfen wir vertrauen, dass immer wieder die Sonne aufgeht, gute Zeiten den unschönen und den Tiefen Höhen folgen."

(persönliche Anmerkung)

Mit Hitsche am Fenster

Als ich Kind war, wurde meiner Meinung nach verhältnismäßig viel aus dem Fenster geschaut.
Nicht hinter den Gardinen, was sicher auch verbreitet ist (Zwinkern), sondern aus dem offenen Fenster. Allabendlich schaute zum Beispiel mein Opa im Esszimmer aus dem Fenster. Das dauerte eine Weile, denn dabei schmauchte er seine Zigarre.

Das Esszimmer befand sich neben dem Wohnzimmer und war von diesem mittels einer doppelten Glastür abgetrennt. Bei Feierlichkeiten, zu denen viele Gäste erschienen, wurden die zwei Türflügel ausgehangen.

Somit war Platz, um eine lange Tafel, durch beide Räume verlaufend, aufzustellen.

Diese war Marke Eigenbau und bestand aus einem Metallgestell und gezimmerter Tischplatte, die daraufgesetzt wurde.

Die hauseigene Bestuhlung genügte in dem Falle nicht. Mit dem Fahrradanhänger, den wir als Handwagen benutzten, beförderten wir geliehene Stühle aus dem Gaststättensaal.

Doch zurück zum Fenster. Auch wenn Opa nicht rauchte, schaute er manchmal eine Zeit lang aus dem Fenster. Da ich gern in seiner

Nähe war, öffnete ich das Fenster daneben, um mit ihm gemeinsam hinaus zu gucken.

Zu der Zeit hatten wir Doppelfenster. Damit meine ich zwei Fensterscheiben hintereinander. Theoretisch wäre dazwischen Platz gewesen, um im Winter etwas kühl zu lagern.

Für die Frauen brachte das im wahrsten Sinne des Wortes doppelten Aufwand beim Putzen. Außerdem kam dazu, dass irgendwann beim Darüberwischen auch die Farbe vom Fensterrahmen bröckeln wollte.

Die großen Fenster in Wohn- und Esszimmer bestanden aus einem zweiflügeligen und daneben einflügeligen Fenster. Gesellte sich einer zum anderen, schloss der eine meist seinen Fensterflügel und wir machten es uns direkt nebeneinander im geöffneten Zweierflügel bequem.

Weich und bequem wurde es unter anderem mit einer Decke oder einem Kissen auf dem Fensterbrett. So lagen die Unterarme mollig gebettet.

Ich weiß von kleinen Leuten, dass sie sich zusätzlich auf eine Hitsche (Fußbank) stellten, um sich nicht den Hals verrenken zu müssen.

Ob die Menschen nun aus Neugierde am Fenster waren, um frische Luft zu tanken oder das Dorfleben zu beobachten, ich weiß es nicht. Jedenfalls kam von Zeit zu Zeit auch jemand zu Fuß oder mit dem Fahrrad vorbei.

Dann hielt man ein Schwätzchen. Es wurde Aug in Aug und sozusagen von Mund zu Mund kommuniziert: ohne Whatsapp, Handy oder Smartphone!

Selbst ein Telefon mit Hörer an einer Spiralschnur gab es nur in vereinzelten Haushalten. Telefonzellen erhielten die Dörfer erst in den Jahren nach meiner Schulzeit.

Schräg gegenüber von uns wohnte eine Familie, die mit einem Telefon und dazu gehörigem Anschluss ausgestattet war.

Es kam vor, dass der Mann an unserer Haustür klingelte, um Bescheid zu geben, dass zum Beispiel eine Tante angerufen hat und es in einer halben Stunde nochmal tut. Dann warteten wir bereits bei den Leuten am Telefon.

Mindestens einmal im Jahr „hingen" wir am Fenster um Motorräder zu zählen. Dazu hatten wir es uns wirklich bequem gemacht, denn das dauerte eine Weile.

Die Motorräder fuhren in Richtung Süden. In der Nähe von Herzberg/Elster fand jährlich Motocross statt und das war gut besucht.

Nun waren die Straßen zu jener Zeit lange nicht so befahren und unsere Hälse nicht in Gefahr, durch ständiges hin und her gucken überlastet zu werden.

Wenn wir auf der Autobahn fuhren, beschäftigten wir Kinder uns gern mit dem Zählen von „West-Autos". Das war übersichtlich und eine zu bewältigende Aufgabe.

Außerdem konnten wir uns damals auf den Rücksitzen frei bewegen. So knieten wir von Zeit zu Zeit mit auf der Hutablage aufgestützten Armen und Blick nach hinten aus dem Auto. Das erleichterte das Schauen.

Nicht, dass wir im Trabi oder Schiguli an den „West-Autos" vorbei eilten. Eher konnten wir diese von hinten näher kommend sehen und wenn sie besonders fetzig ausschauten, ihnen noch hinterher gucken.

Auf unseren Autobahnen galt Tempo Hundert. Sowieso war es ganz einfach, denn wir hatten uns lediglich zwei unterschiedliche Geschwindigkeiten zu merken. Auf den Haupt- oder Landstraßen waren 80 km/h erlaubt.

Gurtpflicht bestand meines Wissens bis 1980 nicht – keinesfalls auf den Rücksitzen. Folglich konnte ich die Fahrt zur Ostsee schlummernd und mit meinem Kuscheltier im Arm liegend, verbringen.

Serienmäßig wurden Gurte erst später eingebaut. Welch große Freude war es, als Opa von einer Reise zu Verwandten nach Westdeutschland erste Rollgurte mit nach Hause brachte.

Wir Kinder waren damals übrigens ohne Kindersitz oder Babyschale Mitfahrer im Pkw.

Wenn Dich die bösen Buben locken

Ja, was dann? Ganz einfach! *„Dann bleib zu Haus und stopfe Socken!"*
Das hat mir am 29.3.1985 ein Mitschüler in mein Poesiealbum geschrieben. Stammbilder waren eine Rarität. Er klebte mir sogar zwei mit seinen Initialen ein!

Überlegen Sie, was Stammbilder sind? Warum heißen die eigentlich so? Das Poesiealbum wurde in früherer Zeit auch als Stammbuch bezeichnet. Womöglich kommt in dem Zusammenhang das Wort Stammbild zustande.

Jedenfalls waren die schönsten Stammbilder die, die Oma „aus dem Westen" mitbrachte. Fuhr ich mit dem Finger über sie – über die Bilder, nicht über Oma – fühlte ich ihr Relief. Manche waren sogar mit Glitzer besetzt. Wie schön!

Ein Vers, den mir eine Freundin aus der Nachbarschaft eingeschrieben hat, heißt:

*„In jeder Minute,
die Du im Ärger verbringst,
versäumst Du
sechzig glückliche Sekunden Deines Lebens."*
Albert Schweizer

Das war am 28.3.1985. Seither trage ich diese Zeilen in meinem Herzen und meinem Bewusstsein! Danke Heike!

Ich glaube, als Besitzer und „Verwalter" des Poesiealbums haben wir sogar mit dem Bleistift rechts oben ganz zart den Namen der Person vorgeschrieben, für die der Platz – besser gesagt die Seite – vorgesehen war. Vielleicht kam es auch mal vor, dass das jemand missachtete oder einfach übersah. Doch dann war das Poesiealbum-System durcheinander. Oh je. (Zwinkern)

Desweiteren hatte man als Inhaber des Albums das Recht - eventuell sogar die Pflicht - auf einer der ersten Seiten zu vermerken:

„Wer in dieses Büchlein schreibt,
den bitte ich um Sauberkeit."

Ich schrieb das am 22.2.1983 hinein. Übrigens war das ein Dienstag, habe ich recherchiert.
Dann tat ich es wohl im Dienste meiner persönlichen Erinnerungen. (Ich liebe Wortspiele)

Meine Eltern verhielten sich sehr professionell. Sie unterzeichneten ihre Verse mit:
„im Februar 1983".
Nun sollen Sie liebe Leser auch wissen, welche Zeilen mir meine Eltern auf den Weg mitgaben:

> *„Ein neues Jahr hat neue Pflichten,*
> *ein neuer Morgen ruft zur frischen Tat.*
> *Stets wünsche ich ein fröhliches Verrichten*
> *und Mut und Kraft zur Arbeit früh und spät."*
> Goethe

Andere Worte vom guten alten Goethe schätze ich auch heute noch. Ein spiritueller Mensch, was sich in dem, was er sagte und schrieb, wiederspiegelt! Weise Sätze und Gedanken!

Ich habe keine Ahnung, aus wessen Mund oder Hand folgende Zeilen stammen:

> *„Schaffe froh und schau empor,*
> *stark und mutig sei Dein Streben.*
> *Durch der Jugend goldnes Tor*
> *Baue Dir den Weg ins Leben!"*

Jedenfalls steckt in beiden Zitaten, die meine Eltern im Poesiealbum verewigt haben, das Wörtchen Mut.
Nur drei Buchstaben und doch so stark.

Und ich wage zu behaupten, dass ihnen in diesem Moment nicht bewusst war, dass der Name Andrea unter anderem die Mutige bedeutet.

Aber so wird der Mensch geprägt. Und heute unterstütze ich in meiner Arbeit Frauen bei den Themen Mut & Selbstvertrauen.

In einem späteren Kapitel können Sie allerdings auch lesen, wie ich mir mit Mut eine Fünf einfing.

Beim Blättern im Album habe ich viele schöne Verslein entdeckt und schmunzelte häufig.

Denn ich erinnerte mich, dass wir verschiedene Methoden hatten, um einen geraden Schriftzug hinzubekommen.

Entweder zogen wir mit Lineal und Bleistift Linien, die meist nach dem Einschreiben wieder wegradiert wurden.

Oder aber verwendeten wir eine Postkarte als Schreibkante. Ungünstig war diese Variante, wenn man zum Beispiel ‚f' und ‚g' schreiben wollte. Da lag die Karte im Weg.

Das Einfachste war die Benutzung des beiliegenden Linienpapiers!

Opa Reinhard hat sogar in altdeutscher Schrift hinein geschrieben. In Druckbuchstaben kann ich sie meist lesen, doch für seine Schreibschrift brauchte ich jetzt Hilfe.

Oma Erika wünschte mir mit ihren Worten, dass niemals trübe Tage meinen Lebensweg durchziehen mögen. Selbst durchlebte sie so viele trübe Tage.

Oma Hilde hat für mich folgende Zeilen zu Papier gebracht:

*„Vieles hören, wenig sagen
seine Not nicht jedem klagen
sich im Glück und Unglück schicken,
sind die größten Meisterstücken."*

Wie wahr!

Opa Erich hielt sich kurz und knapp. Er zitierte, wie meine Frau Mama, Goethe:

*„Edel sei der Mensch,
hilfreich und gut."*

Mehr braucht es auch nicht, denke ich.

Nicht vergessen sollen auch Tante Ingrids Worte sein, die da heißen:

*„Groß und reich ist alles Leben,
lerne ihm ein Ziel zu geben.
Lass, was wahr ist, licht und rein,
Deines Lebens Mitte sein."*

Mir bleibt nur Dankeschön zu sagen oder schreiben! Allen, die sich verewigt haben.

PS: Kramen Sie doch auch mal wieder Ihr Poesiealbum hervor und blättern Sie darin. Das wird bestimmt interessant und lustig.

Schließlich sollen die so schön gestalteten Büchlein ja nicht irgendwo im Schrank versauern! (Lächeln)

Traumauto und beste Erfindung

Ins Poesiealbum ließen wir Verwandte, Freunde, Mitschüler und Lehrer schreiben.
Meist waren es kleine quadratische Büchlein. Der gepolsterte Einband trug einen hübschen Aufdruck. Auf meinem ersten Album fütterte ein Mädchen mit weißem Schürzchen und Kopftuch, unter dem hübsche blonde Locken hervorschauten, ihre Puppe. Neben dieser saß lächelnd ein Teddybär.

Poesiealben gab es zu kaufen. Eventuell nicht in Hülle und Fülle sowie großer Auswahl, doch sie waren im Handel erhältlich.

Wogegen wir die sogenannten Freundschaftsbücher selber fertigten.

Ich nutzte sogenannte „dicke Hefte", die für zweiundvierzig Pfennige. Ich beklebte eins erstaunlicherweise mit Jonny Depp-Bildern. Zum Schutz kam wie um ein Schulheft der Umschlag.

Mein erstes Freundschaftsheft trug einen undurchsichtigen lila Umschlag, auf den ich vorn diverse Bands und hinten verschiedene Songtitel geschrieben habe.

Zu lesen sind unter anderem – wie könnte es anders sein – Depeche Mode und „Little 15", Anne Clark, den Harrow, Erasure, Die Ärzte.

Es war aufwendig, die Seiten vorzubereiten. Denn das bedeutete, Zeile für Zeile vorzutragen:

In die erste Kategorie gehörten der Name, Geburtsdatum als auch Geburtsort, die Adresse und das Sternbild. Außerdem „Freund/Freundin" (wobei man sich manchmal ein kleines Wunder – gemeint ist das Wahrwerden eines Herzenswunsches erhoffte) und ganz wichtig: „bester Kumpel"!

Bei der nächsten Kategorie interessierten Lieblingsessen, - getränk, -farbe, -tier, -blume. Hinter Letzteres hat ein Junge, der sehr überzeugt von sich war, übrigens mal Tannenbaum notiert. Ich möchte nicht unterschlagen, dass auch die Lieblingsjahreszeit erfragt wurde.

Von der „Lieblings-Kategorie" ging es zu den Träumen! Wir wollten wissen, wohin die Traumreise gehen sollte, welches das Traumauto war, wer Traumfrau oder Traummann (welch Traum oder Alptraum, wenn der eigene Name dort stand) und natürlich, wobei es sich beim Traumberuf handelte.

Gefolgt von Lieblingsdisko, -sänger/-sängerin/-gruppe, Lieblingslied und -film galt jeweils eine Zeile auch dem Lieblingslehrer und -fächern.

Nachdem dann für Lieblingsschauspieler/-schauspielerin, -sportart und Hobbys Platz war, blieben mehrere Zeilen frei, um die Wünsche für´s weitere Leben einzutragen.

Und daaaaann – zu allerletzt – war der Rahmen für ein Passfoto vorgezeichnet. Um sicher zu gehen und zum besseren Verständnis war darüber „Passbild" zu lesen.

Daneben beziehungsweise rundherum stand vorgeschrieben: Augenfarbe, Schuhgröße, Haarfarbe (Natur☺) und Lieblingsklamotten.

Nun wusste jeder Bescheid. Das ließ keine Fragen offen.

Ich habe tatsächlich drei solcher Hefte. Es ist herrlich, heutzutage darin zu stöbern! Dabei habe ich entdeckt, dass auch innerhalb dieser Heftchen eine deutliche Weiterentwicklung unserseits zu erkennen ist.

Denn im dritten Heft befinden sich Fragen wie: *„Was bedeutet für Dich Glück?" „Was hat Dich zuletzt bewegt?" „Woran glaubst Du?" „Welche Fähigkeit möchtest du besitzen?"* oder als weiteres Beispiel *„Welche Erfindung ist für Dich die wichtigste?"*

Auf die letzte Frage habe ich irgendwann mit S.T. geantwortet. Vielleicht kann irgendeiner etwas damit anfangen.

Ich verrate es vorerst nicht. (Zwinkern)

Türen und Tore offen

Früher stand bei uns alles offen. Naja, der Reißverschluss an der Hose für gewöhnlich nicht. Doch Türen und teilweise das Tor. Nicht immer offensichtlich, doch häufig eben nicht verschlossen. Die Bange vor Einbrechern war nicht sehr groß.

Wenn ich vom Schulbus heim gelaufen kam, war die Haustür zwar eingeklinkt, jedoch nicht abgeschlossen.

An der Tür befand sich damals kein Türknauf, sondern eine Klinke. Da hätte also jeder reinkommen können. Kam aber nicht.

Die Haustür war sicher offen, wenn sich auch jemand im Haus befand, in dem Fall Oma oder Opa.

Nebenbei bemerkt: wenn ich im Winter zu Hause eintraf, hatte Oma meine Hausschuhe zum Anwärmen auf die Heizung gelegt. Ob ich wollte oder nicht – das gehörte zu ihrem Verwöhnprogramm.

Hinter unserem Haus war ein großer Hof. Die Scheune begrenzte den hinteren Teil des Hofes. Durch diese als auch eine Tür neben ihr, gelangten wir in den großflächigen Garten.

Vom Frühjahr bis zum Herbst gab es da reichlich zu tun. So waren wir an manchem

Tag im Garten beschäftigt und niemand im Haus.

Wer zu uns wollte, konnte durch die offene Hoftür über den Hof in den Garten. Anfangs stand, glaube ich, noch manche Tür, die ins Haus führte, offen. Dahin gelangte man zum Beispiel durch die Kellertür, die sich nahe der Hoftür befand, aber auch durch die Tür am seitlichen Hintereingang oder eben durch die Futterkammer und Waschküche.

Und wenn wir nur mal schnell in die Kreisstadt fuhren, die etwa elf Kilometer entfernt lag, ließen wir das Garagentor teilweise auch unabgeschlossen.

In dem Moment war dann vielleicht jemand im Haus oder zumindest das Haus abgeschlossen.

Als ich Jugendweihe hatte, gab es wohl hier und da doch Einbrüche. Zu der Zeit bauten die Leute dann als Vorsichtsmaßnahme Gitter vor die Kellerfenster. Vor allem da lagerten ja hart erstandene Nahrungs- und Genussmittel für die anstehenden Feierlichkeiten. Dazu gehörten diverse Spirituosen, Dosen von Ananas und Mandarinen, Champignons, eventuell gutes Bier und mehr.

Auf vielen Grundstücken wurde spätestens jetzt ein Hund angeschafft. Ein Wachhund! Andere Familien hatten einen Irish Setter beziehungsweise einen Collie.

Medizin nach Noten

Klingt das nicht gut? War es auch! Und ich gestehe, ich beneidete die Damen um ihre Sportkleidung: glänzende Aerobic-Einteiler in herrlichen Farben.

Die Sendung *„Medizin nach Noten"* lief werktags zweimal am frühen Abend jeweils für zehn Minuten. Die Übungen waren gut!

Sie funktionierten ohne großes Equipment. Gelegentlich wurde das Handtuch zusammen gerollt als Trainingszubehör eingesetzt.

Ich turnte oft mit. Sofern es möglich war, am liebsten bei beiden Übertragungen – auch wenn sich das Programm wiederholte.

In einer großen Turnhalle stand auf einem sechseckigen Podest die Vorturnerin, im Halbkreis um sie herum die Nachturnenden.

Manche trugen über ihrem schicken Einteiler einen weiteren – schulterfrei und ohne Bein oder ein ärmelloses kurzes Oberteil.

Andere Frauen hatten zum Beispiel über einem türkisen langen Einteiler ein schwarzes Höschen an. Viele der Sportlerinnen trugen Stulpen und das sah cool aus.

Bei denen, die am modernsten angezogen waren, handelte es sich wahrscheinlich um

Übungsanleiterinnen, die sich unter die anderen Sportler gemischt hatten.

Wohlgemerkt: Es turnten bei Medizin nach Noten auch Herren mit. Wie die Männer, so war manche Dame mit kurzer Turnhose und T-Shirt bekleidet.

Wenn ich damals zuhause im Wohnzimmer zwischen Couchtisch und Fenster vor dem Fernseher turnte, dann ohne Gymnastikmatte.

Mal tat ich es auf dem relativ harten Fußboden, der mit recht dünnem Teppich belegt war. Anderentags nutzte ich als Sportmatte die gepolsterten Schaukelaufleger.

Manchmal war mein Turngeist nach zehn Minuten *„Medizin nach Noten"* so geweckt, dass ich allein weiter turnte.

Die zwei hintereinander angeordneten Schaukelaufleger bildeten die Unterlage für Vorwärts- und Rückwärtsrollen oder das Einüben der Bodenturnkür im Sportunterricht.

Die Musik, die mich dabei begleitete, war der Titelsong von *„Ein Colt für alle Fälle"*. Sie klingt mir noch immer in den Ohren!

(Heute darf ich sagen beziehungsweise schreiben, dass bei uns - natürlich ausversehen - auch unerwünschte Fernsehprogramme liefen – also „Westfernsehen". Dabei erinnere ich mich an eine Episode vor Unterrichtsbeginn. Am Klettergerüst des Spielplatzes tauschten sich die Mädels aus meiner Klasse über die

Hitparade am Vorabend im ZDF aus. Ich hatte ebenfalls jeden der Titel gehört, schwieg jedoch brav darüber, wie es mir beigebracht wurde. Das heißt, ich versuchte mich nicht an ihrem Gespräch zu beteiligten. Sie dachten, ich hätte die Hitparade nicht geguckt und lästerten. Das war eine doofe Situation. Ich fühlte mich ziemlich unwohl in meiner Haut.)

Doch vom Klettergerüst zurück zu Bewegung und Sport. Ich bewegte mich wirklich gern. Weshalb ich auch mit Vergnügen in unserem Hof Runden rannte. Nee, nee – dort verlief keine Tartanbahn. Meine Bahnen zog ich sozusagen über Stock und Stein, denn unser Hof bestand aus unebenem Kopfsteinpflaster. Außerdem hatte ich in jeder Runde einen kleinen Anstieg im Gelände zu bewältigen – wenn dieser auch miniminimal war.

Oma Erika schaute mir verschiedentlich durchs offene Küchenfenster zu. Das motivierte mich. Zudem zählte sie die Runden mit. Jedes Mal, wenn ich das Küchenfenster passierte, sagte sie die Rundenzahl laut an.

Irgendwann als ich älter war, flitzte ich dann auf einem asphaltierten Weg vom Dorf in Richtung Wald, quer über einen Feldweg und zurück. Mein Training, das ich gar nicht als solches betrachtete, zahlte sich im Sportunterricht aus. Ein- und Zweitausendmeterlauf wurden zu meinen Lieblingsdisziplinen.

Hartes Training im Hof

Hart war der Ball. Der Schlagball, mit dem ich übte, ihn weiter als auf die Spitze meines großen Zehs zu werfen.

Ich war gar nicht so unsportlich. Wenn wir allerdings im Sportunterricht Schlagballweitwurf machten, brauchte mir niemand den Ball von weit her zurück werfen. Er lag mir nämlich fast zu Füßen.

Papa konnte das nicht nachvollziehen. Zu Recht mochte er nicht verstehen, dass ich den Ball nicht von der Stelle bekam.

Das sollte sich ändern! Wir wollten, hofften und wünschten es beide! Zunächst kaufte Papa einen Schlagball. Nun hatte ich einen echten Schlagball zuhause und ganz für mich.

Ich liebte es, ihn in meiner Hand zu fühlen: sein Gewicht, das Leder und vor allem die Nähte. Er war so griffig. Nun ja, doch aus meiner Hand sollte er ja raus und weit weg.

Papa wurde zu meinem persönlichen Trainer. Im Klartext, ich konnte mir damals bereits einen Personaltrainer leisten. (Zwinkern)

Wir fackelten nicht lange und starteten. Es sollten Ergebnisse her. Trainingsstätte war unser Hof. Ich wollte um Gottes Willen nicht gesehen werden! Welche Vorteile solch ein großer Vierseithof mit sich bringt!

Meine imaginäre Wurflinie befand sich etwas entfernt vom Torweg. Beim Schreiben stelle ich fest, welch ein komisches Wort „Torweg" ist. Also für die, die es nicht wissen:

Der sogenannte Torweg war ein überdachter Bereich vor dem großen Hoftor. Betraten wir den Hof durch die Kellertür, standen wir direkt unter dem Torweg. Überquerten wir diesen, gelangten wir zu Papas Werkstatt, durch eine weitere Tür zu den Garagen.

Die unsichtbare Abwurflinie befand sich also etwas vor der Grenze vom Torweg zum Hof. Ich weiß nicht mehr, wie viele Tage oder Stunden wir trainierten. Woran ich mich erinnere ist, dass Papa mir vormachte, wie ich mit dem Arm und Oberkörper ausholen kann, um eine größere Kraft zu entwickeln.

Ich warf und übte und gab nicht auf! Inzwischen landete der Ball weit entfernt von meinen Fußspitzen und lernte Stück für Stück den Hof kennen.

Ich trainierte, den Ball geradlinig nach vorn zu bringen. Und dann kam der Moment, den mein Vater und ich wohl niemals vergessen:

Der Schlagball traf weder die etwa fünfundzwanzig Meter entfernte Scheune noch deren Dach. Nein. Er flog in hohem Bogen drüber weg und landete im Garten.

Welch eine Freude und welch ein Jubel waren das für uns.

Das blieb keine Eintagsfliege!

Ich konnte nun weit werfen. Infolgedessen qualifizierte ich mich mit meinen Würfen für die Kreisspartakiade. Danke Papa! Du hast uns beide stolz gemacht! Und Mutti natürlich auch.

Nebenbei bemerkt, der Ball existiert noch heute. Ich fühle ihn auch jetzt in meiner Hand und würde am liebsten in den Hof gehen und mein Training wieder aufnehmen. Sicher wäre das erneut nötig, denn ich bezweifle, dass meine heutigen Würfe bis zur Scheune, geschweige über sie hinweg gelangen würden.

In höheren Klassenstufen wurde aus Schlagballweitwurf das F1-Werfen. Auweia – die F1 entsprach einer Handgranate!

Aus heutiger Sicht finde ich das erschreckend. Zu damaliger Zeit war es normal. Ich erinnere mich, wie wir zu zweit die schwere damit gefüllte Kiste zum Sportplatz trugen.

Was ich anmerken möchte: die F1, die wir verwendeten, hatte die Gestalt solch einer sowjetischen Handgranate. Sozusagen lag in unseren Händen der Granatenkörper ohne Zünder!

Wer bei Sport und Spiel keinesfalls unerwähnt sein soll, ist Gerhard Adolph. Na, wissen Sie mit dem Namen was anzufangen?

(Bitte lassen Sie sich nicht vom zweiten Namen irritieren ...!)

Wenn nicht, helfe ich Ihnen auf die Sprünge. Denn *„Mach mit, mach´s nach, mach´s besser"* sagt Ihnen bestimmt etwas.

Gerhard Adolph war Adi. Unser Adi! Adi moderierte dreihundertdreiunddreißig Mal die Sendung *„Mach mit, mach´s nach, mach´s besser"*.

Die meisten von uns kennen ihn wahrscheinlich nur im Trainingsanzug. Dieser kleidete ihn. Zu sehen war Adi am Sonntagvormittag im DDR-Fernsehen. Ich glaube, einmal im Monat traten unter Adis Kommando zwei Schulklassen im Wettkampf gegeneinander an.

Im Kopf habe ich dazu gerade Bilder davon, wie die Teilnehmer auf allen Vieren um die Wette durch einen breiten Schlauch gekrabbelt sind. Slalomlauf, Hüpfen, Springen, Zielwerfen und Wettrennen zählten in meiner Erinnerung zu den einzelnen Disziplinen.

Die Sendung wurde, glaube ich, im ersten Programm übertragen. Wohlgemerkt bestand das DDR-Fernsehen aus zwei Programmen.

Erstaunlicherweise an einem 3.Oktober im Jahr 1969 eröffnete Walter Ulbricht den zweiten Sender.

Das war vor meiner Zeit, doch Google hat es mir mitgeteilt.

Für Elf 99

Für „Elf 99" bekamen wir damals nichts zu kaufen. Damit meine ich, nichts mit dem Preis Elf 99. Denn meiner Meinung nach gab es keinen Posten, der auf „99" endete. Hätten wir im Laden elf Mark und neunundneunzig Pfennige gegeben, hätten wir dafür einiges erwerben können:

eine Flasche *Club-Cola* für EVP	0,42 M
eine Flasche *Rostocker Pilsner* für EVP	0,92 M
eine *Schlager-Süßtafel* für EVP	0,80 M
ein Toastbrot *Spezial-Toast* für EVP	1,00 M
zehn Brötchen (a=0,05 M) für EVP	0,50 M
eine Semmel für EVP	0,10 M
einen Becher *Nudossi* für EVP	3,00 M
ein Päckchen *Ata* für EVP	0,13 M
eine Tube *Pulmotin*-Salbe für EVP	1,10 M
eine Schachtel *Juwel* (Filterzigaretten)	2,50 M
ein Stückchen Bäcker-Mohnkuchen	0,37 M
einen *Eulenspiegel* (Zeitschrift)	0,40 M

<u>Das macht summa summarum   11,24 M.</u>

Es blieben noch 0,75 M übrig und für diese hätten wir zu damaliger Zeit ein Mittagessen in der Schule bekommen.

Zur Erläuterung für Unwissende: Das „M" steht für Mark. Mark und Pfennig waren die Währungseinheit zu dieser Zeit in der DDR.

„EVP" bedeutet Einzelhandelsverkaufspreis beziehungsweise Endverbraucherpreis sagt Wikipedia. In meinem Kopf steht „EVP" für Einheitlicher Verkaufspreis. Am Ende kommt es auf das Gleiche raus.

In Erinnerung an einige Preise der damaligen Zeit, kehre ich zurück zu „Elf 99".

Wofür steht nun „Elf 99"? *„Elf 99"* war jugendlich, spritzig, modern – eine Jugendsendung des DDR-Fernsehens.

Wissen Sie, warum die Sendung *„Elf 99"* hieß? 1199 war die Postleitzahl von Berlin-Adlershof, wo sie gedreht wurde. Dort war der Sitz des Fernsehens der DDR.

Die Postleitzahl meines Heimatortes lautete übrigens 1701. Unsere Kreisstadt hatte 1700 und die Bezirksstadt 1510.

Was fällt mir zu *„Elf 99"* noch ein? Als erstes Inka Bause. Ja, die Inka, die heute für glückliche Bauern sorgt.

„Elf 99" ging „der Wende nah" auf Sendung, im September 1989. Hintergrund war wahrscheinlich, der Jugend etwas Neues und mehr Pep zu bieten, das vielleicht sogar einen westlichen Hauch besaß.

Sogar *„Dirty Dancing"* wurde bei *„Elf 99"* ausgestrahlt! Damit punktete das Fernsehen!

Diese Seite lasse ich frei. Hier können Sie persönliche Erinnerungen festhalten. Vielleicht sind Ihnen Preise zu bestimmten Anschaffungen, die Sie gemacht haben, eingefallen. Was Sie auch immer notieren möchten, hier ist Platz dafür:

....
....
....
....
....
....
....
....
....
....
....
....
....
....
....
....
....
....
....
....
....
....
....
....

Da war Action – was für eine Marke

Natürlich erfüllte damals in der DDR und ja – auch auf dem Dorf – Action unser Leben.

Action war bei vielen Jugendlichen im Zimmer. Außerdem denke ich, dass in etlichen Familien auch im Bad *Action* war.

Action hatte was. Es kam gut an. Ich jedenfalls freute mich über *Action*.

In meinem Kopf hab ich dazu schwarz rosa Bilder. Schwarz rosa konnten Sie auch in unserem Spiegelschrank im Bad sehen. Wirklich eine coole Serie!

Für die, die es nicht (schon) wissen: bei *Action* handelt es sich um eine originelle jugendliche Kosmetikserie von der Firma *Florena*.

Das Sortiment sah tatsächlich fetzig aus. Sollte es auch. Der Sinn war ja, dass es uns Jugendliche anspricht. Bei mir funktionierte das. Im Alter der Pubertät probieren wir Menschen uns sowieso aus. Warum also nicht auch all das, was *Action* bot.

Schminken war noch nie so richtig was für mich. Darum beschränkte sich mein persönliches Action-Sortiment auf: Formspray (Das sprach mich mehr an als Haarspray.), Deospray, Flitter – irgendwie etwas Reizvolles –

und sicher irgendeinen Nagellack sowie weißen Lippenstift.

Weiße Lippen wirken fad und leblos. Indem ich mit Muttis rotem Lippenstift etwas Farbe auf das Weiß brachte, sah ich nicht mehr einem Grufti ähnlich.

Nun ja – ansonsten hielt es sich mit Kosmetikprodukten, die man zu damaligen Zeiten in den Bädern entdecken konnte, in Grenzen.

Ich fange mal am Waschbecken an. Flüssigseife war mir fremd. Am Waschbecken lag Seife. Nach Erhalt eines Westpakets konnte es sich dabei durchaus um herrlich duftende Lux oder Palmolive Seife handeln.

Doch keine Seifenschale war ideal. Irgendjemand hatte dann eine geniale Erfindung. Mit dieser klebte die Seife an einer Wandhalterung. In die Seife drückte man einen Kronenverschluss. Per magnetischer Anziehung hielt dieser an der Halterung. In luftiger Höhe befand sich die Seife so in besserer Konsistenz.

Manch einer nutzte übrigens zum vollständigen Verbrauch der Seifenreste ein Seifennetz. Das war auch etwas nützlich Schönes.

Auf einer Ablage zwischen Waschbecken und Spiegel stand häufig der buschige Rasierpinsel. Vorausgesetzt, es lebte ein Mann im Haushalt. Elektrische Rasierer kamen mit der Zeit in Mode. (Sagt Ihnen Bebo Sher noch was?)

Vor allem die älteren Herren waren es gewohnt, eine dicke Schaumschicht auf ihr Gesicht zu bringen und dann mit der Hand zu rasieren. Statt Rasierschaum nutzten sie Rasierseife beziehungsweise Rasiercreme.

Das Geräusch des elektrischen Rasierers meines Vaters klang in meinen Ohren immer sehr beruhigend – übrigens ein Bebo Sher. ☺

Im ersten Band habe ich bereits davon geschrieben, dass wir uns damals mit Seife und Lappen gewaschen haben. Duschbad kannte ich nicht. Woran ich mich aber deutlich erinnere, ist eine grünliche Dose Dusch- und Badeschaum. Diese hatten wir geschenkt bekommen und nutzten sie ganz sparsam. Deshalb stand sie sicher meist im Spiegelschrank. Der Schaum hatte einen feinen Duft!

Auf dem Badewannenrand befand sich meist eine Flasche „duft" Schaumbad. Ich hatte es ehrlich gesagt schon fast vergessen. Aber Google ließ es mich wieder entdecken. Dabei mochte ich die Plastikflaschen so, ihre Form, die Riffel, einfach das komplette Aussehen.

Omas medizinische Badezusätze wurden im Schrank aufbewahrt. Von denen hab ich auch im ersten Band geschrieben.

Auf jeden Fall existierte in unserem Bad eine Flasche Birkenhaarwasser. Das verwendeten meine Großeltern oder sogar nur Opa.

Desweiteren benutzten die beiden Frisiercreme und Haarlack, damit die Frisur saß.

Und ich erinnere mich, dass die Frauen sich „beim Haare machen" immer einen Frisierumhang über die Schultern legten. Der hing stets griffbereit. Solcher war bedeutend kleiner als der Friseur verwendete. Jedoch genügte er, um die Kleidung nach dem Frisieren und Toupieren vor ausgekämmtem Haar zu schützen.

Während ich das tippe, muss ich schmunzeln. Denn zum Thema Frisuren gibt es lustige Erinnerungen.

Mancher von Ihnen kennt vielleicht noch die Frisierhauben. Zuhause hatten wir keine. Doch besaß meine Tante Ingrid eine flotte rote Frisierhaube. Zu jener Zeit trugen viele Frauen dauergewellte Locken.

Nachdem die Lockenwickler ins feuchte Haar eingedreht waren, wurde die Haube aufgesetzt. Nun konnten schöne Locken entstehen und das Haar trocknen. Frau konnte dabei ausruhen, einen Mocca trinken oder lesen. Weit weg bewegen war nicht möglich, dafür reichte das Stromkabel nicht.

Haha – ich stelle mir gerade vor, wie es ausgesehen hätte, wenn die Frauen ein Verlängerungskabel genutzt hätten und wie ein Hund an der Kette damit durch die Wohnung gelaufen wären.

Wer keine Frisierhaube besaß, föhnte sich die Haare oder ließ sie lufttrocknen.

Ich meine, generell sind die Damen damals häufiger zum Friseur gegangen. Nicht, weil die Haare rascher wuchsen. Ich glaube, manche Frau überließ dem Friseur einmal pro Woche das Waschen, Trocknen und Zurechtmachen.

Früher haben wir übrigens unsere eigenen Handtücher zum Friseur mitgebracht und selbstverständlich wieder mitgenommen. Das funktionierte auch!

Nun noch etwas zum Schmunzeln. Als ich am Vortag meiner Jugendweihe frisch gelockt vom Friseur heim kam, meinte es Oma gut. Sie sagte, dass ich doch in der Nacht ein Haarnetz tragen solle, damit die Frisur hält. Ich fand das so lustig, doch für Oma war das normal. Sie handhabte das des Öfteren so. Zur Aufklärung: Ich habe die Nacht vor meiner Jugendweihe ohne Haarnetz verbracht. (Zwinkern)

Oma bewahrte ihr Haarnetz und natürlich nicht nur das in einer Frisierkommode auf. Die hatte ihren Platz im Schlafzimmer zwischen Bett und Fenster.

Kinder stöbern und entdecken ja gern die Welt. So auch ich, wenn ich nachschaute, was sich hinter den Schubladen und Türchen verbarg. Gegenüber stand nebenbei bemerkt Omas Nähmaschine *Afrana* (keine *Singer*!).

Meine erste Immobilie

Zwei Etagen, langer Südseiten-Balkon, der über eine Treppe auch von außen erreichbar ist. Ebenerdig befindet sich über die gesamte Breite eine gepflasterte Terrasse. Das Haus trägt ein sattrotes Dach. Die Fassade ist weiß mit einer großen ebenerdigen Fensterfront in der unteren Etage. Außenbeleuchtung vorhanden. Das Haus ist komplett eingerichtet.

Die Stromversorgung wurde vor etwa vierzig Jahren rundum erneuert. Direkt im Haus befindet sich ein kleines Bad, im Kellergeschoß unter dem Haus ein geräumiges weiteres. Darin befindet sich eine Badewanne, ebenso fließend Wasser!

Direkt vor dem Haus ist eine Einkaufsmöglichkeit. Dort erhält man ein riesiges Sortiment von Lebensmitteln inklusive Backwaren und Getränken.

Eigentlich gilt das Haus als unverkäuflich. Platz ist darin nur für Miniaturwesen. Gemeint war nämlich mein schönes Puppenhaus.

Interessanterweise haben wir Kinder immer von unserer Puppenstube gesprochen. Es ist jedoch ein ganzes Haus mit einigen Stuben darin. Ich glaube der Stolz vieler Mädchen.

Die beschriebene Einkaufsmöglichkeit ist mein Kaufmannsladen, von dessen reichhaltigem Angebot ich im ersten Band geschrieben habe.

Bei dem Badezimmer im Kellergeschoß handelt es sich um ein separates Bad. Das Puppenhaus stand in Kinderhöhe auf einem kleinen Tisch. Unter diesem fand das extra Badezimmer seinen Platz.

Dort konnte es tatsächlich fließend Wasser geben. Zum Beispiel ließ sich eine Art Boiler mit Wasser auffüllen.

Dieser Boiler hing an der Wand direkt über dem Waschbecken. Ein winziger Stöpsel konnte das Wasser darin halten oder abfließen lassen. Für den Fall musste ich ein Eimerchen unter das Waschbecken stellen.

Ja und Licht anknipsen zu können, begeisterte jede Puppenhausbesitzerin.

Außerdem imponierten die kleinen Möbel. Es fehlte an nichts. Selbst einen Fernseher mit Ständer, bequeme Sessel und Drehstühle, die Kücheneinrichtung und nicht zu vergessen den Sonnenschirm für Balkon und Terrasse, gab es.

In einigen Familien wird das Puppenhaus zur Weihnachtszeit hervor geholt und aufgestellt. Glücklicherweise war in meinem Zimmer das gesamte Jahr über Platz dafür.

In der Puppenhausecke hinterm Bettkasten hielt ich mich gern auf.

Mit dampfender Birne

Ich will Ihnen erklären, wie Sie so eine dampfende Birne gut hinbekommen.

Auf jeden Fall benötigen Sie Wasser und Kamille. Das Wasser ließen wir im Pfeifkessel kochend heiß werden.

Zuvor aufgebrühter Kamillentee wurde damit in einer mittelgroßen weißen Emailleschüssel aufgegossen.

Eine andere Variante war, in die Schüssel mit dem heißen Wasser einige Tropfen *Kamillan* zu geben.

Dann folgte der Moment, in dem die Birne mit einem Handtuch abgedeckt, über der Schüssel verschwand.

Mit der Birne meine ich natürlich den Kopf. Und wenn der Kopf eine Schnupfnase – eher eine verstopfte Nase – hatte, wurde ein Dampfbad gemacht.

Bei uns geschah das meist am Küchentisch. Je nachdem wie man es von der Temperatur ertragen konnte, hielt man die Nase dicht über dem heilsamen Wasserdampf.

Ein ausreichend großes Handtuch musste Kopf und Schüsselrand bedecken, damit der Dampf nicht entwich.

Danach am besten ab ins Bett. ☺

Rotlicht im Hof

Das Rotlicht-Milieu wussten die Menschen wohl seit jeher zu schätzen.
Opa kümmerte sich alljährlich darum.
Im Hof gab es einen bestimmten Bereich, indem für Rotlicht-Milieu gesorgt wurde.

Es war über all die Jahre stets der gleiche Zeitraum, indem Opa die große Lampe aufhängte. Diese Lampe hing dann mitten in einer von zwei Buchten. Ja, richtige Buchten. Stehen konnte man darin nicht. Doch etliche Küken fanden in ihnen Platz.

Und die wollen es doch warm und kuschlig haben, um gut zu wachsen und zu gedeihen. Wie süß sie waren, die kleinen gelben Knäule. Es sah putzig aus, wenn sie unter dem Licht oder später freiem Himmel umher flitzten.

Was ich bis heute niedlich finde, sind die kleinen Tränken. Meist aus dunkelbraunem Ton mit etlichen Löchern, die ausreichend groß waren, damit die Küken mit ihren Schnäbeln das Wasser erreichten.

Schien die Sonne, ließ Opa die Küken draußen herum laufen. Vor der Buchte war ein eingezäunter Bereich, in dem sie auch Grünes picken konnten.

Wir nannten die Küken Schiepchen. Ihr Schiepen klingt ja auch lieblich. Ich erinnere mich, die stabilen Kartons, in denen sie beim Abholen transportiert wurden, hatten ganz viele Luftlöcher – ähnlich derer der Tränke.

Ich mochte den Anblick dieser Buchten irgendwie. Wahrscheinlich gefiel mir die Art von Miniatur-Variante eines Häuschens. Sie standen in einer Ecke des Hofes nahe der Tür zum Garten. In den durften sie dann bei entsprechender Größe umziehen.

Außerdem gelangten die herangewachsenen Entlein später vom Areal dieser Hofecke direkt in den angrenzenden Hühnerstall.

Die Dachpappendächer nutzten wir im Frühjahr, um darauf die Gurkensamen keimen zu lassen. Aufgrund der Größe befanden sich die Dächer ja in erreichbarer Höhe.

Regelmäßig wurde das Tuch, auf oder in dem sich die Samen befanden, angefeuchtet. Den Rest taten Sonne und Wärme.

Im Garten hatte dann der Entennachwuchs seinen eigenen Pool. Was heißt eigentlich eigenen? Wir Menschen besaßen gar keinen.

Hatten die Enten nicht den Mut, vom Rand in den Teich zu springen, konnten sie über eine Schräge hinein tippeln, um sich im Anschluss dem erfrischenden Nass hinzugeben.

Meine Eltern standen auf Koks

Woran denken Sie jetzt? Der Koks, der bei uns angerichtet wurde, war zum Trinken!

Ich fand als Kind interessant, dass man für dieses Getränk Kaffeebohnen verwendete. Auch wenn es Kaffeebohnen nicht in Hülle und Fülle gab und diese ihren Preis hatten, für den Koks reichten sie. Pro Glas waren etwa drei Bohnen erforderlich.

Desweiteren benötigen Sie für den Koks ein Stück Würfelzucker und Schnaps. Mein Vater verwendete statt Rum, der auch eine Variante ist, Weinbrand.

Sie haben zwei Möglichkeiten: entweder Sie geben Würfelzucker und Kaffeebohnen in den Schnaps und dann „Prost". Oder Sie zerkauen erst Zucker und Bohnen, bevor Sie mit dem Weinbrand nachspülen.

Für den Fall Sie probieren den Koks: „Zum Wohl!"

Bei Koks denke ich allerdings auch ans Heizen. Dafür verwendeten wir Kohlebriketts und Koks. Der Ofen stand bei uns damals im sogenannten Heizungskeller. Meine Eltern sprachen diesbezüglich von einem sogenannten „Harzer". Es handelt sich dabei um einen Gusskessel der Harzer Werke in Blankenburg. Dieser Kessel war sozusagen das Herzstück unserer Zentralheizung im Haus.

In einem weiteren Hauskellerraum wurden dafür Kohle und Koks gelagert. Beim Durchstöbern unseres großen Grundstücks, entdeckte ich auch in einem Nebengelass Briketts. Der ordentlich gestapelte Vorrat in einem ausgedienten Schweinestall war wohl eine eiserne Reserve.

Wir kauften das Brennmaterial in der BHG – der Bäuerlichen Handelsgenossenschaft. Einkauf und Lieferung geschahen meist im Sommer.

Ob Sie es glauben oder nicht, ich schippte gern Kohle. Briketts, die im Keller eingelagert wurden, kippte der LKW-Fahrer unmittelbar vor den Kellerfenstern ab. Die wiederum hängten wir dann aus, um den Koks oder die Kohle durch die Luken hinein zu schippen.

Oh ja, das war eine staubige Angelegenheit. Nichts desto trotz mochte ich das Kohlen schippen. Dafür verwendete ich eine große Kohlegabel. Auf der bleiben Koks und Kohle, doch der Grus fällt hindurch.

Am Ende musste dieser zusammengekehrt werden. So wurde es nochmals staubig. Zu guter Letzt spritzten wir mit dem Schlauch die Pflastersteine im Hof wieder sauber.

Der Anblick des Kohlehaufens im Keller machte mich stolz.

Geliefert wurde die Kohle in Form von Briketts oder „Eiern" per W 50 – einem LKW (korrekt bezeichnet IFA W50).

Koks orderten wir in kleinerer Menge. Ich bin der Meinung, es gab ihn auf Zuteilung und per Multicar.

Der Koks zum Heizen hatte einen höheren Brennwert. Brannte das Feuer im Ofen richtig, schütteten wir eine Kehrschaufel voll Koks darauf. Die hielt das Feuer länger in Schach.

Tja und wenn damals niemand heizte, blieb es kalt. Doch wir haben nicht gefroren. Ich weiß noch, wenn es im Winter sehr kalt war, stand mein Vater morgens schon eine Stunde eher auf. Er heizte, damit wir es beim Aufstehen vor allem im Bad warm hatten. Das war schön!

Es konnte durchaus sein, dass sich Papa nach dem Anheizen nochmal ins Bett legte und eine Runde schlummerte, bis der Wecker ein zweites Mal klingelte.

Zum Anheizen nutzten wir ebenso Holz. Dabei handelte es sich zum Beispiel um Abrissholz oder Obstbaumschnitt.

Was am Ende übrig blieb, war die Asche, welche unten aus dem Ofen gekehrt und abgekühlt im Ascheeimer in die Aschetonne kam.

In die Tonne damit

Was werfen wir heute nicht alles in die Tonne! Und wie viele verschiedene Tonnen nutzen wir zurzeit? Eine blaue, gelbe, braune, grüne, schwarze? Oder noch mehr?

Unsere Tonne damals war grau. Es existierte nur eine Art von Mülltonne. Dabei handelte es sich um eine verzinkte Tonne, die bei uns Aschetonne hieß. Denn was kam dort hinein?

Im Winter vor allem die Asche vom Heizen. Egal, ob vom Kachelofen in der Stube oder dem Ofen der Zentralheizung im Keller.

Den Kachelofen nutzten wir zuhause nicht mehr. Dennoch stand dieser bei meinen Großeltern im Wohnzimmer. Ich erinnere mich zwar, dass auf ihm zur Fastnachtszeit auch ein Wäschekorb voller Klemmkuchen stand, doch dabei diente der Ofen lediglich als Ablage.

Ein anderes Mal sollte er samt meinem Cousin Heiko ein Fotoobjekt sein. Ich behaupte sogar, dass mein Cousin dafür von jemandem meinen Schwimmring mit Katzenkopf umgelegt bekommen hatte.

Mit diesem wurde er selbstverständlich aus Spaß auf den wohlbemerkt unbeheizten Kachelofen gesetzt. Doch statt fürs Foto zu lächeln, verzog mein Cousin weinerlich das Gesicht und durfte rasch wieder festen Boden unter den Füßen spüren.

Bei meiner Tante und den Großeltern im Nachbardorf wurde der Ofen noch beheizt. Dort stand er auch im Wohnzimmer. Und gern stand dort der Mensch am Ofen.

Wer einen vom Kachelofen beheizten Raum kennt, sagt wahrscheinlich wie die meisten, das sei eine andere Wärme.

Wenn der Ofen vor dem Anheizen sauber gemacht, das heißt, die kalte Asche unten heraus gekehrt wurde, kam sie zunächst in den Ascheeimer und später dann in die Aschetonne.

Da sind wir wieder bei der Tonne.

Papier landete dort selten. Das wurde zum Feuer machen verwendet und im Ofen verbrannt. Andererseits das Zeitungs- oder Packpapier ordentlich gebündelt zum Altstoffhandel gebracht beziehungsweise zum Altstoffsammeln bereit gelegt. Darüber habe ich im ersten Band berichtet.

Spraydosen kamen ebenfalls in den Altstoffhandel. Zuvor entfernten wir ordnungsgemäß den Plastik-Sprühknopf.

Plastikmüll gab es nicht viel. Und wenn, ließ sich damit basteln. Ich sehe noch vor mir, wie wir im Kindergarten aus leeren grünen Fit-Flaschen Osterkörbchen schnitten.

Dafür ließen wir von der oberen Hälfte lediglich einen Henkel stehen.

Diesen weichen Kunststoff fasste ich gern an. Ich spüre und rieche noch heute das „Fit-Körbchen".

Einen leeren Eisbecher, der für eine Portion und mit Klarsichtdeckel war, verwendete ich gern, um zuvor eingeweckte Süßkirschen mit „Tunke" darin einzufrieren. Am liebsten von diesem eingefrosteten Kirschkompott mochte ich den gefrorenen Saft. Ich liebte es, wenn die hauchzarten Schichten auf meiner Zunge schmolzen.

Manche leeren Kunststoffbehälter dienten womöglich als Aufbewahrungsgefäße, zum Beispiel die *Nudossi* oder *„im nu"* – Dose.

Außerdem denke ich an Milchtüten. Mancherorts wurde nämlich Milch in Tüten verkauft, so auch bei meiner Tante Hannelore. Sie wusch die Tüten stets ordentlich aus, sammelte diese und versorgte die Verwandtschaft damit. Ein paar wenige von ihrem mit Einweggummi zusammengehaltenen Stapel besitze ich noch.

Wie an anderer Stelle im ersten Band beschrieben, kamen bei uns die in Brotpapier gewickelten Stullen in so eine Tüte. Darin trocknete das Brot nicht aus.

Etwas Plastik landete wahrscheinlich in der Mülltonne, zum Beispiel leere Verpackungen von *Leckermäulchen*, Tütensuppen oder Speisequark.

Eine persönliche Anmerkung – nein zwei:

Zum einen entdeckte ich beim Recherchieren die runden eierfarbenen Papp-Quarkbecher mit blauem Aufdruck. Zum anderen hatte ich vergessen, wie groß die Vielfalt der Tütensuppen war. Eine, von der ich des Öfteren erzähle, ist die Gulasch-Beutelsuppe. Darin waren undefinierbare, jedoch leckere winzige Wurst- oder Fleischstückchen.

Zurück zur Tonne. Wie heute wurde sie in regelmäßigen Abständen an die Straße gestellt, nämlich dann, wenn das Müllauto kam.

Dafür kauften wir Alu-Müllmarken, die mit Draht an der Tonne befestigt wurden.

Küchenabfälle landeten im Dorf auf dem hauseigenen Misthaufen. Essensreste fütterten wir zumeist den Tieren. So erhielten Hund und Katze regelmäßig vom Mittagessen übrige Kartoffeln mit Soße.

Früh und abends bekamen Hund und Katzen wie der Mensch mit Wurst bestrichenes Brot. Das waren zu jener Zeit die Leckerlis!

Für die Katzen schnitten wir kleine Würfel. Dem Schäferhund meiner Oma im Nachbardorf fütterten wir eine dick geschnittene Scheibe Brot, die er in vier, fünf Teilen bekam. Ich gestehe, wenn ich fütterte, landete ein Teil meist in meinem Mund.

Wie mich mein Schwimmring fast das Leben kostete

Ja, ich hatte als Kind schon einen Schwimmring. Am Bauch weniger, aber eben zum Schwimmen.

Zudem war mir das große Glück gegönnt, in einem Swimmingpool planschen und schwimmen (lernen) zu können. Der Swimmingpool gehörte lieben Verwandten, die ebenfalls in meinem Heimatdorf wohnten.

Nicht nur der Pool war toll, auch alles rund herum. Die angrenzende Mauer war schön bemalt. Ich erinnere mich an Delphine, die fröhlich aus dem Wasser sprangen.

Außerdem befand sich dort ein Partyraum mit überdachter Terrasse.

Dass ich den Pool nutzen durfte, dafür bin ich noch heute sehr dankbar. Darum soll auch Tante Christa an dieser Stelle erwähnt sein!

Ich hatte die Erlaubnis, einfach den Hof zu betreten und allein zum Pool zu gehen. Das war jedes Mal etwas ganz Besonderes.

Es muss in den Ferien gewesen sein, als meine Mutter mich begleitete. Zwar war sie nicht solch eine Wasserratte wie ich, doch saß sie am Rand bei mir.

Mein Vater arbeitete nicht weit entfernt, eigentlich gleich um die Ecke. Darum kam er irgendwann nach dem Rechten schauen.

Eltern wollen ja immer das Beste für ihre Kinder. Bis zu diesem Tag ging ich auch davon aus. Doch nun passen Sie gut auf!

Ich hatte als Schwimmring nicht einfach nur einen Reifen um den Bauch. Mein Reifen hatte zusätzlich einen Katzenkopf.

Den trug ich bisher vor dem Oberkörper und kam so bei meinen Schwimmübungen gut zu recht.

Aber nun war ja mein Vater da. Weil ich in diesem Moment immer noch glaubte, er meint es gut mit mir (Zwinkern), folgte ich seinem Rat. Der lautete, ich solle doch mal den Katzenkopf nach hinten auf den Rücken drehen. Er würde dann vorn nicht stören.

Das tat er auch nicht, als ich fröhlich ins Wasser sprang. Und nur wenige Sekunden darauf sprang mir meine Mutter völlig unvorbereitet – sogar mit Uhr – hinterher, um mich zu retten. Der „olle" Katzenkopf – so ihre Worte – drückte nämlich meinen Kopf herunter. Ich vermochte weder Kopf noch Rücken zu strecken.

Es ging alles ganz schnell: rein – runter – raus! Und alle hatten wir uns wieder lieb, nachdem der Schreck vorbei war. (noch ein Zwinkern)

Zu Mittag Knochen

Ich musste in meiner Kindheit und Jugend niemals hungern. Dennoch gab es bei uns mittags manchmal Knochen.

Ich wünschte mir sogar von Zeit zu Zeit von Oma Knochen. Bitte verstehen Sie mich nicht falsch, mein Wunsch galt nicht Omas Gebeinen, sondern Knochen, die Oma als Mittagsgericht zubereitete.

Wenn früher geschlachtet wurde, kochten die Frauen etliches davon ein. Neben Leber-, Blut – und Fleischwurst auch Gehacktes, Rouladen und Pökelfleisch sowie Knochen.

Aufgrund ihrer Größe, glaube ich, dass sie vom Bein waren. Die Knochen kochte Oma und bereitete eine ganz leckere „weiße" Soße. Dazu aßen wir Kartoffeln.

Mmmmh! Denn an den Knochen war immer noch etwas Fleisch und das hatte einen wunderbaren Geschmack.

In unserem Speisekeller war reichlich Platz für sämtlich Eingewecktes. Sogar gebratene Ente machte Oma in anderthalb Liter Gläsern haltbar. Desweiteren standen dort Einweckgläser verschiedener Größe mit Obst, Gemüse und Marmelade gefüllt. So war immer etwas zu essen auf Vorrat.

Ich mochte auch unser Mixed Pickles. Kennen Sie Mixed Pickles? Hinein gehörte rohes Gemüse wie Blumenkohl, Möhren, Gurken, sogenannte Silberzwiebeln als auch Paprika oder Bohnen. Die Zutaten wurden sauer eingelegt und danach eingeweckt.

Dabei handelte es sich um eine knackig frische Beilage zur Schnitte beim Abendessen.

Neben den vielen vollen und zum Füllen bereit stehenden Einweckgläsern, lagen im Speisekeller die zum Einkochen nötigen roten Einweckgummis. Zusätzlich befestigten Oma und Mutti die Deckel der Gläser für den Einweckvorgang mit einer speziellen Klammer. Alles, damit die Gläser fest und luftdicht verschlossen blieben. Es sollte ja nichts verderben.

An dieser Stelle möchte ich die Auffassung, dass eine Frau, die ihre Periode hat, sich vom Einwecken fern halten möge, erwähnen. Es heißt, ihr Zustand würde die Haltbarkeit des Eingekochten beeinflussen können.

Aberglaube hin oder her, es gibt Frauen, die das aus eigener Erfahrung bestätigen als auch solche, die von anderweitigen Beispielen zu berichten wissen. Sie dürfen darüber austauschen, schmunzeln oder den Kopf schütteln. Fakt ist, es handelt sich um eine erwähnenswerte Erinnerung.

Später schafften wir uns - wie viele andere auch - eine große Gefriertruhe an. Etwas einzufrieren, war für die (Haus-)frauen eine riesige Erleichterung beim Haltbarmachen von Fleisch, aber auch Obst und Gemüse. Was ich mir gemerkt habe: Beim Erproben des Einfrostens von Erdbeeren stellte sich heraus, dass dies am besten gelang, wenn die Erdbeeren zu Beginn einzeln auf einem Blech verteilt, schockgefrostet werden.

In unserem Speisekeller befanden sich desweiteren breite Regale mit Schüben. Darin wurden beispielsweise die frisch geernteten Pfirsiche gelagert.

Auch Pflaumen und Äpfel fanden dort Platz. Jedoch wurde das Obst neben Kirschen, Stachel- und Erdbeeren zum Teil auch eingekocht.

Unsere Pfirsiche sahen im Glas eingeweckt nicht sonnengelb wie die in der Dose aus. Das waren sie im rohen Zustand ebenfalls nicht. Als Kompott schmeckten sie jedoch prima.

Und für den Geburtstagskuchen kauften wir sonnengelbe Dosen-Pfirsiche im Delikatladen. Oder wir hatten noch Bestand aus einem „Westpaket".

Zu meinem Geburtstag gab es stets einen Obstboden mit Pfirsichen belegt. Schon allein deshalb, weil meine Schulfreundin den so mochte. Ich hatte auch andere Lieblingskuchen.

Wahrscheinlich kennen Sie den typischen Kindergeburtstags-Schokoladenkuchen. Meine Mutti backte dafür ihren leckeren Obstboden. Aber statt des Obstes kam köstliche Schokolade darauf. Bunte Streusel verzierten dann den Kuchen. Wie gern würd ich jetzt ein Stück davon verputzen.

Solch ein Speisekeller konnte dem Schlaraffenland ähneln: süße Erdbeeren, knackige Bohnen, schmackhafte saure Gurken, rote und gelbe Süßkirschen, Schattenmorellen und noch viel mehr!

Von Sekt, Wein, Dosen mit Ananas und mehr habe ich bereits in einem früheren Kapitel berichtet.

In unserem Hauskeller – links vom Speisekeller – befand sich eine kleine Räucherkammer. In dieser wurden zuerst die frischen Fleisch-, Blut- und Leberwürste von der Hausschlachtung geräuchert.

Anschließend hatten Bratwurst und Schinken genug Zeit und Platz zum Abhängen.

Ein weiterer Vorratskeller war der sogenannte Kartoffelkeller. Dort lagerten nicht nur Kartoffeln, sondern auch Möhren und Sellerie in einem Steintopf.

Bei den Kartoffeln denke ich ans Stoppeln. Fuhr ich mit Opa auf den Acker, hatte er den Vordersitz des Trabis ausgebaut. So war mehr Platz und ich saß stolz auf den vollen Säcken.

Wie einer dem anderen sein Grab schaufelte

Jaaaa. Das gab´s und kam gar nicht so selten vor. Bei uns im Dorf war es Brauch, dass es jeweils die Nachbarn taten.
Wenn jemand verstorben war, wurden die Männer der Nachbarschaft um Unterstützung gebeten. Heutzutage kümmert sich ein Bestattungsinstitut eigentlich um fast alles.

Früher hatten die Angehörigen sämtliche Behördengänge zu erledigen. So auch den Gang zum Floristen, um Kränze und Handsträuße zu bestellen.

Ja und nachdem die Grabstelle bestimmt war, hoben die Männer aus der Nachbarschaft das Grab aus.

Während der Beisetzung waren sie es auch, die den Sarg zu Grabe trugen. Damals war eine Beerdigung im Sarg Gang und Gebe.

Die nachfolgende Grabpflege hatte einen hohen Stellenwert. Im ersten Band habe ich davon berichtet, dass wir uns um bis zu sieben Gräber kümmerten.

Ich weiß noch ziemlich genau die Blumenfolge bei der Bepflanzung. Zuerst schmückten Stiefmütterchen das Grab, gefolgt von Eisblumen, Geranien oder Studenten, bis es zur Winterruhe mit Tannen- oder Buchsbaumzweigen ausgelegt wurde. Darauf fand die Grabschmuck-Decke ihren Platz.

Sitte nach einer Beerdigung ist das gemeinsame Beisammensitzen und Kaffee trinken. Als ich jünger war, konnte ich kein Verständnis für den sogenannten Leichenschmaus aufbringen.

Wer daheim genügend Platz hatte, lud nach Hause ein. Als mein heimischer Opa beigesetzt wurde, bereitete die Frau meines Patenonkels bei uns den Kaffee vor.

Sie war nämlich schwanger und es hieß oder heißt immer noch, dass Schwangere nicht zu einer Beerdigung gehen sollen. Wiederum eine Ansicht oder ein Aberglaube über den sich „streiten" lässt.

Früher und vor allem auf dem Dorf beachteten die Menschen streng die Trauerzeiten. Damit meine ich die Zeiten, in denen zum Beispiel „in Schwarz gegangen" – also schwarze Kleidung getragen und kein Tanz besucht wurde.

Ich glaube, für Ehepartner und Kinder galt dies ein Jahr.

Mein anderer Opa verstarb, als ich im „Disko-Alter" war. Ich ging dann ein paar Wochen (vier waren es, wenn ich mich richtig erinnere) nicht zur Disko.

Eisprinzessinnen auf dem Acker

Als ich zur Schule ging, waren die Ferien anders aufgeteilt. Wir hatten im Sommer sage und schreibe acht Wochen Ferien, im Winter drei aufeinander folgende Wochen.

Wie bei Petrus bestellt, passte damals auch das Wetter. Die Sommerferien waren auf die Monate Juli und August festgelegt. Winterferien hatten wir im Februar.

Kalt war es da auf jeden Fall. Meistens hatten wir auch Schnee. Schnee, der eine ganze Zeit lang liegen blieb.

Mit kalt meine ich frostige Temperaturen. Denn oft konnten wir auf unseren schönen Dorfteich gehen, weil er komplett zugefroren war.

Wir Mädels liefen Schlittschuhe, die Jungs spielten Eishockey. Auf dem Eis herrschte reges Treiben.

Es war so schön, dass wir meist bis zum Dunkelwerden draußen blieben. An anderer Stelle hab ich schon mal erwähnt, dass mich dann zuhause auf der Heizung angewärmte Hausschuhe erwarteten.

Bevor ich irgendwann Schlittschuhe bekam, die ich übrigens noch heute besitze und die noch passen müssten, besaß ich Gleitschuhe.

Diese Gleitschuhe schnallte ich unter die eigentlichen Winterschuhe und konnte dann, so meine ich, über Schnee und Eis gleiten.

Den Übergang von Gleitschuhen zu den eigenen Schlittschuhen machten die Schlittschuhkufen meiner Mutter oder Tante.

Obwohl sie schon ziemlich rostig waren, brachten sie Freude. Die Kufen mussten an Winterschuhen befestigt werden. Um die „guten" Winterschuhe nicht zu demolieren, trug ich feste alte Schuhe, die wir auf dem Boden entdeckt hatten. Die passten und waren eine prima Lösung.

Zwar konnte ich Schlittschuh laufen, doch nur vorwärts. Ich bewunderte stets ein Mädchen, das wunderschön rückwärts laufen konnte.

Sie wohnte direkt am Teich und hatte vielleicht viel mehr geübt. Um ehrlich zu sein, ich denke, sie war einfach talentierter.

Wenn ich übers Eis lief, sah ich in Gedanken immer die Eisschnellläuferinnen aus dem Sportfernsehen vor mir. Sie glitten so kraftvoll und geschmeidig zugleich dahin.

In den Ferien weilte ich stets auch eine Woche bei meinen Großeltern und der Tante im Nachbardorf. Dort gab es ebenfalls einen Teich, auf dem landete ich jedoch nie.

Es gibt ein Foto, auf dem ist zu sehen, wie ich auf dem an das Grundstück angrenzenden Acker Ski laufe. Das funktionierte gut, wenn genügend Schnee die Ackerrillen bedeckte.

Meine Schulfreundin wohnte ein Dorf weiter.

Aufgrund der im Winter kahlen Bäume, konnten wir von Omas Stubenfenster aus bis hinüber zum Nachbardorf schauen. Die Straße machte eine weite Biege und im Winter Fahrrad fahren, stand nicht zur Debatte.

So kam uns die Idee, ich könnte doch zu Fuß über das schneebedeckte Feld zu meiner Freundin hinüber laufen.

Beim ersten Mal bin ich wahrscheinlich auf gut Glück losgetippelt. Uns stand ja kein Telefon zur Verfügung, geschweige denn ein Handy. Ich hätte eine Postkarte oder einen Brief schicken können, um meinen Besuch anzumelden.

Na jedenfalls fanden wir zueinander. Daraus wurde dann ein tägliches Zusammentreffen, das mitten auf dem Acker stattfand. Dort hatten wir nämlich eine Entdeckung gemacht. Eine große Pfütze war zugefroren und bildete eine schöne glatte Fläche zum Rutschen oder Schlittschuh laufen.

Wir vereinbarten von Treffen zu Treffen die Uhrzeit fürs nächste. Wir beachteten die familiär individuellen Zeiten von Mittag oder

Kaffee und hielten uns daran. Wie brave Mädchen das eben tun.

Lief ich los, schaute mir Oma aus dem Fenster nach. Mich immer wieder nach ihr umdrehend, winkten wir uns zu, soweit das Auge reichte.

Während der Schneeschmelze konnte es passieren, dass in Omas Keller Wasser stand. Wie ein Retter fühlte ich mich, wenn ich dann bei ihr war. Denn nun durfte ich dort unten auf Anweisung agieren. Meine Tante als auch mein Opa waren nämlich arbeiten.

Oma kam die Treppe soweit herunter wie es ging. Höher als eine Treppenstufe stand das Wasser glaube ich nie.

Während ich in großen Stiefeln zum Ofen watete, rief mir Oma zu, was dort zu tun sei. Wie stolz ich doch war, so nützlich zu sein!

Schnee hinterlässt wie alles im Leben seine Spuren. Anders herum ist es ebenso. Auch wir ziehen unsere Wege durch den Schnee.

Dieses Bild habe ich nämlich gerade im Gedächtnis. Wie ich in den Winterferien zuhause am Frühstückstisch sitze, zum Hof hinaus sehe und dort die Spuren erblicke, die Opa bereits durch den Schnee gezogen hat:

Eine Bahn vom Torweg zur Scheune (um Holz in den Keller zu tragen) und eine zum Stall. Und nebenher Tapsen von Struppi oder den Katzen. Ein friedlich schöner Anblick!

Wie kleine Mädchen Hausfrau werden

Ich weiß nicht, wie es Ihnen erging. Wollten Sie auch tun, was die Erwachsenen taten? Ist es nicht herrlich, wenn wir als Kinder Haushaltsgeräte in dem uns entsprechenden Format erhalten?

Woran ich mich mit einem glücklichen Lächeln erinnere, ist ein Bügeleisen. Das war womöglich mein erstes persönliches Haushaltsgerät. Handlich, leicht und ohne Strom glitt es über die Wäsche.

Es lagerte in meiner Spielkiste umgeben vom bunten Kreisel, einer hölzernen Stapelpyramide bestehend aus farbigen runden Scheiben und meinem hellgrauen Stereomat.

Wissen Sie, was das ist? Ein Stereomat? Ich versuche es zu erklären. Ein Stereomat ist ein Bildbetrachter, den wir Kinder nutzten, um Dia-Bild-Karten anzuschauen.

Auf einem Format von etwa zehn mal fünfzehn Zentimetern befanden sich zwölf Bilder in zwei Reihen nebeneinander. Ich habe zuhause noch eine gefunden. Auf der Rückseite ist zu lesen: Stereomatbildkarte, EVP 1,70 M. Darauf sind niedliche Teddybärenbilder zu sehen. Wissen Sie, was mir beim Betrachten auffällt? Ich verrat es Ihnen: die zwei Bilder nebeneinander sind immer gleich. Na klar, es guckt sich ja sonst komisch. ☺

Alles, was wir zum ersten Mal machen oder erleben, prägt uns besonders. Vielleicht war mein Bügeleisen der Grund dafür, dass ich heute nicht ungern bügle – handliches wohlbemerkt!

Nachdem ich mich wahrscheinlich mehrfach dazu beworben hatte, durfte ich Mutti irgendwann beim Bügeln helfen.

Statt einem Bügelbrett nutzten wir den Esstisch. An einer Seite legten wir eine dünne Decke auf ihn und darüber ein weißes Leinentuch. Nun konnte es los gehen.

Beim Bügeln hatten wir freien Blick auf die Straße. Allerdings ist es – wie Sie wissen - beim Bügeln schon von Vorteil, auf die Finger und Textilien zu schauen.

Muttis Bügelsystem folgte einem geordneten Ablauf. Pullover, Blusen, Hemden als auch Taschentücher kamen nicht wild durcheinander an die Reihe.

Ich erhielt davor oder danach die Gelegenheit, mein Können unter Beweis zu stellen. Was ich als Erstes bügeln dufte, waren Taschentücher. Bei denen konnte ich mein Geschick trainieren.

Damals verwendeten wir waschbare Baumwolltaschentücher. *Tempos* waren eher fremd. Ich weiß nicht, ob solche manchmal im

Westpaket verschickt wurden? Eher nicht. Doch irgendwoher kannte und mochte ich die blau weiß verpackten *Softis*. Vielleicht hatte sie Besuch dagelassen. Wir benutzten als Wegwerf-Einweg-Variante hin und wieder *Kriepa-Servietten*.

Zurück zu den Stofftaschentüchern. Die Herrentaschentücher waren um einiges größer als die der Damen. Herrentaschentücher für den Alltag und die Arbeit waren meist blaugrau kariert, die edleren aus feinerem weißen Stoff und teilweise von zarten farbigen Streifen umrandet.

Damentaschentücher brachten mehr Vielfalt. Es gab quadratische, jedoch auch solche mit abgerundeten Kanten. Blumenmuster, Streifen, Ornamente oder liebevoll umhäkelte Ränder zierten sie. Die Damen unter Ihnen haben sicher nicht selten behäkelte Taschentücher zur Jugendweihe geschenkt bekommen.

Die feine Dame unter Frauen und Mädchen bewahrte ihre Taschentücher in einem hübschen Taschentuchbehälter auf. Meist waren diese aus Dederon mit Spitze und Bindeband zum Verschließen. Ich besaß ein rosanes. ☺

Nicht zu vergessen, hatten wir selbstverständlich auch Kindertaschentücher. Auf denen befanden sich niedliche Motive von Teddys, Häschen oder Märchenfiguren. Für Kinder gemacht, waren sie eben kleiner.

Zum Bügeln der Taschentücher gehörte natürlich acht zu geben, dass sie faltenfrei glattgestrichen wurden und auch, dass sie „in Form" waren – also quadratisch statt „verzogen". Denn das wiederum erleichterte das ordentliche Zusammenlegen!

Ich war immer ganz stolz, wenn drei Stapel (Kinder-, Damen-, Herrentaschentücher) fertig auf dem Tisch lagen.

Dann hatte ich manchmal noch die Chance, mich über die Geschirrtücher herzumachen.

Es konnte aber auch sein, dass selbige in der Wäscherolle landeten. Die Wäscherolle stand in der sogenannten Waschküche, die sich zwischen dem Hinterflur und der Futterkammer befand (wie im ersten Band beschrieben).

Darin standen zu meiner Zeit eine halbautomatische Waschmaschine, dazu eine Wäscheschleuder und anfangs noch Omas altes Waschmaschinenmodell, indem sich lediglich ein Rührwerk befand. Das Waschwasser musste ein- als auch abgelassen werden, beim Einfüllen sogar entsprechend temperiert.

Die Wäscherolle wurde handbetrieben. Je nachdem, womit sie bestückt war, ging das leichter oder schwerer. Wir rollten zum größten Teil Bettwäsche und Handtücher, die zwischen dem Leinentuch der Rolle ausgelegt waren.

Mein allererster Hefekuchen

Mein allererster Hefekuchen machte keine komplette Familie satt! Er hatte nicht mal die Größe eines üblichen Stückchens. Außerdem bestand er lediglich aus gebackenem Teig ohne leckeren Belag.

Doch irgendwie muss man ja anfangen. (Zwinkern). Ich weiß noch, dass während der Kuchen im Herd backte, auf dem Herd ein Topf Nudeln kochte. Ein Töpfchen wohlbemerkt!

Davon konnte wiederum nicht mal eine Person satt werden. Auch haftete ein seltsamer Geschmack an Nudeln und Kuchen.

Nun ja, dieser Versuch fand zwar in unserer Küche statt, jedoch in meinem Mini-Kinderbackofen. Ich hatte unruhig darauf gewartet, dass Oma für den allfreitäglichen Hefekuchen den Teig bereitet und darum gebeten, einen Fetzen davon für das winzige Blech abzubekommen.

Wie von Oma abgeguckt, verteilte ich den Teig gleichmäßig auf dem Blech und piekte ihn an verschiedenen Stellen sanft mit einer Gabel.

Um während der Backzeit nicht sinnlos herum zu stehen, kochte ich nebenbei Nudeln.

Den kleinen Ofen hatte mir kurz zuvor der Weihnachtsmann gebracht. Er faszinierte mich – der Herd, nicht der Weihnachtsmann.

Neben eigenem Herd, der ja bekanntlich Goldes wert, und Bügeleisen, war ich zudem stolze Besitzerin von anfangs Kehrschaufel, Handfeger und Besen sowie später einem Kinderstaubsauger.

Für Außenarbeiten gehörte mir sicher auch als Mädchen eine rote Plaste-Schubkarre.

Zu einem weiteren Part des Heranwachsens einer kleinen Hausfrau zählte das Abwaschen. Selbst das fällt in den Bereich positiver Prägungen, denn ich wasche immer noch gern ab.

Beim Abwaschen gelten Regeln wie beim Bügeln! Eine Regel lautet: ins frische Abwaschwasser kommen zuerst Gläser (Trinkgläser). Fettige Töpfe und Teller gehören später beziehungsweise zum Schluss hinein. Sonst wäre das frische Wasser sofort hinüber.

Werden Gläser und anderes Geschirr mit klarem Wasser gespült, kommt deren Glanz mehr zum Vorschein.

Für das Polieren der Gläser verwendeten wir uralte, aber geniale Leinentücher. Zum Teil besaßen sie die aufgestickten Initialen *„EA"* meiner Oma. Bei einer Feier sammelten sich eine Menge Gläser an. Da war eine Weile in der Küche zu tun. Meist übernahm meine Mutter das Abwaschen, mein Vater und ich das Abtrocknen. Vom Schnapsgläschen bis zum Bier- und Sektglas, alles sollte fein blitzen.

In der Küche gesammelt und zum Teil auf Tabletts sortiert, kam im Anschluss das gute Geschirr ins Buffet, einem Schrank, der das Esszimmer schmückte. Die alten Buffet-Schränke waren tief und konnten viel Geschirr schlucken.

In den Familien existierten ein oder oftmals mehrere Service. Kaffee- und Essservice: Erbstücke, Hochzeits- oder Jugendweihegeschenke - also Aussteuer. Übrigens eine Steuer, die weder vom Staat noch Finanzamt erhoben wird.

Es konnte durchaus sein, dass ein Service bereits im Kindesalter auf dem Geburtstagsgeschenke-Tisch Platz fand. So auch bei mir. Ich schätzte mich glücklich, bereits im Kindergartenalter ein Kaffee – als auch Essservice zu besitzen.

Eines davon war weiß mit dicken blauen Punkten. Es gefiel mir gut. Genauso wie den Puppen und Teddys, denn für sie war es gedacht. Auch Plastik-Geschirr kann schön sein! (Zwinkern)

Nebenbei bemerkt, es handelte sich nicht um Puppenstuben-Geschirr. Das musste ja ganz zierlich sein, doch von meinem Service-Geschirr hätte man tatsächlich speisen können.

Murfatlar – na klar!

Na, wissen Sie mit Murfatlar etwas anzufangen? Deli ist nicht falsch geschrieben. Aus dem Deli bedeutet ja nicht aus Delhi. (Zwinkern)

Und Murfatlar stammt nicht aus Indien, sondern aus Rumänien. Hab ich Sie jetzt verwirrt? Das wollte ich (ein bisschen zumindest).

Nun aber der Reihe nach - Regal für Regal! Wenn ich im Deli neben Mutti stand, sah ich zu meiner Rechten Spirituosen. Namen, die sich mir besonders eingeprägt haben, sind *Muscat Ottonel*, *Murfatlar* und die *Kroatzbeere*.

Letztere galt eine Zeit lang bei meiner Mutter und ihren Frauen, damit meine ich Kolleginnen, Freundinnen und Bekannte, als beliebtes Getränk. *Kroatzbeere* war und ist ein Edellikör aus Brombeeren.

Schwarze Johannisbeeren sind Hauptbestandteil der *„Schwarzen Johanna"* – einem anderen Edel-Likör, den es im Deli zu kaufen gab. Für die, die mit dem Wort Deli nichts anzufangen wissen: Deli ist die Kurzform von Delikatladen. Sozusagen der Kosename von Delikatgeschäft.

Murfatlar und *Muscat Ottonel* sind Weine, die man in diesem Laden erstehen konnte.

Ein Deli war allerdings kein Schnapsladen. Ein Delikat-Laden sollte wörtlich den gehobenen Konsumbedarf der Bürger decken. Das Pendant dazu war der Exquisit-Laden. Mehr dazu in einem weiteren Kapitel.

Sicherlich umfasste das Angebot im Delikat viel mehr als meine Erinnerungen hergeben. Neben den Spirituosen waren das nämlich Dosen mit Ananas, Mandarinen und Champignons. Sofern ein Päckchen „aus dem Westen" den Bedarf nicht abgedeckt hatte, kauften wir solche Dosen für Feierlichkeiten ein.

Mandarinen und Ananas zum einen für eine festliche Bowle, zum anderen für Obstkuchen oder Torten. Die Champignons gehörten ins Festtags-Frikassee.

Während meine Mutter am Ladentisch des Delis ihre Einkaufwünsche äußerte, fiel mein Blick häufig auf Nusshörnchen, die ganz vorn am Verkaufstresen lagen. Meist hielt ich nach dem Einkauf eins in der Hand. Nicht gemopst, von Mutti gekauft!

Eine Deli(katesse) für Kinder in diesem Geschäft war *Nudossi*. Unser DDR-Nutella!

In Bechern, wie denen bekannt vom heutigen Bautz'ner Senf, gab und gibt es *Nudossi*. Das Internet sagt, dass *Trink Fix* auch zum Sortiment des Delikatgeschäftes gehörte und dort für acht Mark erhältlich war. Für eine Dose Ananas zahlten wir vierzehn Mark fünfzig!

Der Ex mit Schulterstücken

Auch der Ex durfte sich zu DDR-Zeiten etwas Besonderes nennen. Ich erinnere mich, wie ich durch ihn tatsächlich zu „Schulterstücken" kam. Und ich war stolz auf diese. Sie kleideten mich vorteilhaft und standen mir gut.

Von Zeit zu Zeit wechselten wir mit meiner Mutter. Jeder trug sie mal. Denn wir fühlten uns beide sehr wohl darin.

Ein zimtbrauner Farbton mit querverlaufenden schwarzen Streifen und ein hübscher Stehkragen brachten dem Kleidungsstück seinen Chic. Zu dessen persönlicher Note gehörten leicht angedeutete Fledermausärmel.

Durch einen Ex konnte man edle Dinge erstehen. Begonnen bei exquisitem Parfüm, über hochpreisige Feinstrumpfhosen bis zu westlich hochmodernen Knöchelturnschuhen oder Stonewashed Jeans.

Ja, und der vormals beschriebe Pulli aus dem Exquisit war wirklich ein hübsches Oberteil, das wir lange Zeit und gern trugen.

Der Exquisit war das Pendant zum Delikat. Dort hatten wir die Möglichkeit, für hochpreisige und teilweise begehrte Kleidung und Kosmetik unser Geld los zu werden.

Hin und wieder – meist gab es einen besonderen Anlass – schauten wir in den Ex. Ich kann mich gut an ein Parfüm erinnern, das mir eine Tante zur Jugendweihe schenkte. Es roch echt gut und später entdeckte ich, dass es aus dem Ex war und welchen Preis es hatte.

Naja, und wenn eine Frau sich fein machen wollte, gehörte eben eine Feinstrumpfhose dazu. Die waren auch im Exquisit erhältlich – exquisite eben.

Nochmal zurück zu den eingangs erwähnten Schulterstücken. Der Pointe wegen habe ich das Wort Schulterstücke verwendet, meinte aber eigentlich Schulterpolster. Denn die waren in meiner Jugend modern. Das habe ich im Kapitel mit Darinka bereits berichtet.

Mein Jugendweihe-Bolero war mit Schulterpolstern ausgestattet, ebenso der maigrüne Overall, den ich zum Abschluss der zehnten Klasse trug.

Noch eine Anmerkung zum Schluss: Erst kürzlich vermachte mir eine Bekannte eine Bluse. Ich fühlte mich umgehend wohl darin. Sie ist aus sehr angenehmem Stoff, interessant genäht, einschließlich Schulterpolstern.

Eben war sie bei mir. Ich berichtete ihr, dass ich gerade am Buch und über den Exquisit schreibe. Da erzählt sie mir, dass die beschriebene Bluse auch aus dem Ex sei. Das heißt über dreißig Jahre alt und top!

Immer bereit und ständig in Bereitschaft

Das waren die Jungpioniere und mein Vater. Doch eins nach dem anderen! Familie steht an erster Stelle, also Papa zuerst. Mein Vater war einer der Betriebselektriker bei der LPG in unserem Dorf. LPG ist keinesfalls die Abkürzung für Ländliche Papa Gewerkschaft, sondern steht für Landwirtschaftliche Produktionsgenossenschaft. Die wurde untergliedert in Tier- und Pflanzenproduktion.

Es ist durchaus möglich, dass ich an anderer Stelle bereits angemerkt habe, dass ich Papa oft von der Arbeit abholte. So radelte ich kurz vor seiner Feierabendzeit zur Werkstatt.

Es konnte sein, dass er mit seinen Kollegen bei einem Feierabendbierchen saß. Ich hatte keinen Grund zu drängeln, denn ich fühlte mich dort wohl bei den drei Männern. Manchmal kam aus einer anderen Abteilung noch jemand dazu und in deren Reich.

Meine Augen hatten immer etwas zu bewundern. Gleich neben der Tür befand sich ein Brett an der Wand, an dem die Männer Kronenverschlüsse diverser Biersorten sammelten. Erstaunlich, wie viele zusammen gekommen waren.

An dem Regal daneben hing manchmal ein Gerät, das mich immer wieder aufs Neue beeindruckte. Allerdings verziehe ich jetzt beim Schreiben und dem Gedanken daran heute noch das Gesicht.

Dabei handelte es sich um einen sogenannten Kuh- (oder Vieh-)treiber. Papa hatte mir erklärt, dass man damit kleine Stromstöße setzt, die für die Tiere jedoch ungefährlich sind. Vielleicht ist es für die Tiere so als würden wir uns sanft zwicken.

Voller Vertrauen ließen mich die Elektriker auch in den Nebenraum, zu dem die Tür offen stand. Ein Lager, in dem mich all die Kisten und Fächer in den Regalen faszinierten. Schrauben, Muttern, Kabel, dies und jenes. Alle wussten, ich fasse da nichts an.

Während ich das schreibe, liegt mir der Werkstattgeruch in der Nase. Ich sehe Schraubstöcke vor mir und an der Wand Flächen, an denen geordnet sämtliches Werkzeug hing: Schraubenzieher (eigentlich –dreher), Hammer, Maulschlüssel, Bohrer, Zangen und mehr.

Irgendwann war das Fläschchen Bier leer und wir traten gemeinsam den Heimweg an. Einer der Kollegen radelte mit uns. Er hatte fast denselben Heimweg, der Dritte stieg in seinen Trabi oder aufs Motorrad und fuhr ins benachbarte Dorf nach Hause.

Hatten die Männer kein Werkstattbier getrunken, konnte es sein, dass wir auf dem Heimweg, der an unserer Dorfgaststätte vorbei führte, Halt machten. Eventuell auch, um gleichzeitig Getränke für daheim einzukaufen.

Darüber und den Stammtisch hab ich im ersten Band berichtet.

Doch was war nun mit der Bereitschaft? An den Wochenenden hatte einer der Betriebselektriker Bereitschaft. Es war durchaus möglich, dass vor oder nach dem regulären Dienst ein elektrisches Problem im Kuh- oder Schweinestall auftrat.

Es konnte auch sein, dass in der Beregnungsanlage oder anderen Bereichen etwas defekt war.

Heutzutage kaum zu glauben, der Ruf zum erbetenen Einsatz funktionierte, obwohl wir weder ein Telefon, Handy noch einen Pieper besaßen. Rauchzeichen, eine Tröte oder ins Horn blasen, waren auch nicht die Lösung. Wissen Sie noch, wie es ging? Ganz einfach!

Ein Mitarbeiter oder eine Mitarbeiterin, das konnte sogar die Brigadevorsitzende sein, klingelten an der Haustür und überbrachten den Hilferuf.

Aus diesem Grund fuhren wir, wenn Papa Bereitschaft hatte, nicht weg. Maximal bis zu Oma und Opa ins Nachbardorf. Das gehörte sozusagen zum Einzugsgebiet.

Mein Vater hatte zuvor darüber informiert, wo er wann zu erreichen ist und das funktionierte. Weil eigentlich auch jeder jeden kannte.

Klingelte es gegen vier Uhr in der Nacht, ahnten wir sofort, das ist ein Hilferuf. Denn die Frühschicht im Kuhstall hatte begonnen.

Ein anderer Alarm- und Notruf, der zu jeder Tag- und Nachtzeit möglich war, ertönte direkt gegenüber von unserem Haus. Dort befand sich nämlich auf dem Hausdach die Sirene.

An der Wand neben dem Hauseingang befand sich der Knopf, über den der Alarm ausgelöst wurde. Man musste die kleine Scheibe einschlagen, die sich vor dem Knopf befand. Die eifrigen Feuerwehrmänner radelten dann aus allen Himmelsrichtungen herbei.

Hut ab vor ihrem Einsatz (damals wie heute)! Ein großer Vorteil zu jener Zeit war, dass viele ihre Arbeit vor Ort hatten und auch tagsüber schnell im Mannschaftswagen saßen.

Ich erinnere mich an einen Waldbrand in der Nähe unseres Dorfes. Vermutlich durch Funken, die von einem Fahrzeug der Russenkolonne übergeflogen waren. In dem Fall wahrscheinlich von deren mitgeführter Gulaschkanone.

Das kam im Sommer nicht selten vor. Nachdem die Ortsfeuerwehr den Brand gelöscht hatte, bedrückte mich trotzdem die

Angst, der Brand könnte wieder ausbrechen und über den Graben bis ans Dorf kommen.

Mein Vater beruhigte mich, indem er mir sagte, es würde jemand Feuerwache halte. Das half mir zumindest ein bisschen.

Ja, die Elektriker waren immer bereit, die Leute von der Feuerwehr und wer noch?

Die Pioniere! Jung- und Thälmannpioniere entgegneten dem Aufruf *„Seid bereit"* ein *„Immer bereit"*.

In meiner Schulzeit wurden, soweit ich mich erinnern kann, alle Jung- beziehungsweise Thälmannpionier und danach FDJler.

Wir entwickelten uns vom blauen zum roten Pioniertuch und das blaue FDJ-Hemd löste die weiße Pionierbluse ab.

Je älter wir wurden, umso zerknitterter konnte das rote Halstuch oder FDJ-Hemd an manchem Schüler schon mal aussehen. Statt morgens angezogen, wurde es vor dem Fahnenappell von ganz unten aus der Schultasche hervor geholt.

Ein Fahnenappell bot auch die Möglichkeit, sämtliche erarbeitete Abzeichen zu präsentieren. Vielleicht haben Sie selbst noch eine ganze Latte davon daheim. Für folgende Leistungen gab es zum Beispiel Abzeichen: „Für gute Arbeit in der Schule", „Für gutes Wissen", „Junger Tourist", „Kinder- und Jugendsport", „Hans Beimler-Wettkampf", um einige zu nennen.

Weitere Ausführungen möchte ich dazu gar nicht machen. Jedoch gebe ich Ihnen überdies hinaus einen kleinen Einblick in diverse Urkunden, die wir aufgehoben haben.

Die niedlichsten, im Format DIN A7 (74x105mm), gab es zum DDR-Sportabzeichen (verliehen durch das Staatssekretariat für Körperkultur und Sport, mit dem Satz „bereit zur Arbeit und zur Verteidigung der Heimat" versehen).

Im nächsten Format DIN A5 fand ich eine wahrhaft bunte Vielfalt von Urkunden: für die Teilnahme an Literaturwettbewerben, der Russisch-Olympiade, verschiedenen Disziplinen beim Schulsportfest, der Messe der Meister von Morgen und Mathe-Olympiaden. Bei letzteren lautet ein Satz: Es gratuliert die Redaktion „Die ABC – Zeitung".

Auch im Format DIN A4 hab ich was zu bieten: Urkunden für die Teilnahme an der Schulgalerie, der Galerie der Freundschaft, am „Fest junger Talente" und an MMM-Gruppenmessen.

Uijuijui, manches davon ist auch bei mir in Vergessenheit geraten. Aber vielleicht stöbern Sie selbst einmal in irgendeiner Kiste oder Mappe und entdecken Urkunden, Orden und Auszeichnungen. Sie haben mit Sicherheit schon einiges geleistet, was Ihnen auf Anhieb nicht mehr bewusst ist.

Also dann. Sind Sie bereit? (Zwinkern)*Immer...*

Die Russen kommen

Sie rollten täglich durch unser Dorf! Und ich weiß, dass wir beim Pilze sammeln Acht geben mussten, ihnen nicht zu nahe zu kommen.

Opa war es jedoch einmal. Er hatte sich während dem Pilze suchen dem eingezäunten Revier der Sowjets zu dicht genähert.

Zum Glück ging es glimpflich aus! Sie ließen Opa im wahrsten Sinne des Wortes wieder „laufen".

Theoretisch konnten wir uns frei bewegen. Doch mitten im Wald, der fast bis an unser Dorf grenzte, existierte ein Standort der Sowjet-Armee.

Erzählungen zufolge war das Leben der (einfachen) Soldaten kein Zuckerschlecken. Sie hatten zu spuren! Ansonsten konnte es übel enden.

Häufig rollten sogenannte Russen-Kolonnen durchs Dorf. Diverse Armee-Fahrzeuge, darunter Jeeps, LKWs und die bereits erwähnte Gulaschkanone, bildeten lange Kolonnen. Man konnte sie schon von weitem hören. Neugierig schauten wir Kinder, liefen zur Straße und winkten während mancher Soldat zurück winkte.

Es ist wie ein Traum, wenn ich das heute schreibe. Doch es war Wirklichkeit.

Unser eifriges Winken endete manchmal ganz rasch in einem flinken Davonlaufen. Stoppte die Kolonne nämlich, wurde uns doch mulmig. Dann flitzten wir schnell zurück „aufs Gehöft", verschlossen rasch die Hoftür und schauten, annähernd lautlos atmend, nur noch durch einen Spalt des großen Hoftores.

Ich glaube, ich hatte immer Bange, dass ein Soldat vom LKW steigt und zum Tor gelaufen kommt. Heut weiß ich, er hätte mich nicht gefressen. Sowas machen sie nicht. ☺

Keine Angst hatten wir vor einem kleinen runden „Russen-Bus", der unter der Woche täglich durch den Ort fuhr.

Am Nachmittag hielt er meist an der Straße mitten im Dorf. Von dort liefen russische Mädchen und Jungs zu unserem Konsum. Sie trugen einheitliche Schulkleidung. Die Mädchen braune Röcke oder Kleider und ihre Zöpfe waren von einer hübschen großen weißen Schleife geschmückt.

Bis auf ein Lächeln tauschten wir Kinder nichts aus, wenn ich mich recht erinnere.

Gleichzeitig nahm damals die Deutsch-Sowjetische-Freundschaft einen großen Stellenwert ein. Mein Mitgliedsbuch kann ich Ihnen heute noch zeigen. Es fehlt auch keine Beitragsmarke. (Zwinkern)

Der Mitgliedsbeitrag war beschaulich: monatlich zehn Pfennige. Das macht nach Adam Riese eine Mark zwanzig fürs ganze Jahr.

Ich glaube, in Vorbereitung auf die Jugendweihe hatte die DSF – Gesellschaft für Deutsch Sowjetische Freundschaft unter anderem Bedeutung.

In die Schule kam ein sowjetischer Offizier, der uns erzählte und dem wir Fragen stellen konnten. Im Gegenzug besuchten wir ihn in der Kaserne.

An eine weitere deutsch-russische Zusammenarbeit kann ich mich erinnern. Die erfolgte im Zuge von Ferienarbeit, bei der wir uns etwas Geld verdienten. In dem Fall halfen wir beim Schafe scheren.

Ich glaube, unsere Aufgabe bestand einzig und allein darin, die geschorene Wolle von jeweils einem Schaf im Korb zum Wiegen zu bringen. Nun ja, aber auch das musste jemand erledigen.

Im Russisch-Unterricht bekamen wir die Chance, Brieffreundschaften entstehen zu lassen. So wurden Mimi und ich Brieffreundinnen. Ich habe sogar noch zwei ihrer Briefe.

Als ich Mimis Zeilen jetzt nochmal las, stellte ich mit Erstaunen fest, dass sie Bulgarin war. Und in ihrer letzten Post teilte mir Mimi mit, dass sie keine Bulgarin, sondern Türkin sei. So sei es. (Zwinkern)

Tabak original

Mit Tabak kam ich in frühster Jugend in Berührung. Sporadisch, dann jedoch Tag für Tag und stundenlang.

Wir waren eine kleine Gruppe von meist Gleichaltrigen. Mehrere Erwachsene hatten ein Auge auf uns, vor allem darauf, wie wir mit dem Tabak umgingen.

Was wir taten, sollte ordentlich geschehen. Immerhin wurden wir dafür auch bezahlt, denn es handelte sich um Ferienarbeit. Zunächst halfen wir bei der Tabakernte, später beim Wendeln des Tabaks.

Wenn ich mich richtig erinnere, fädelten wir die Tabak-Blätter Stück für Stück auf. Dann wurden sie an einer Holzlatte befestigt und zum Trocknen aufgehängt. Das geschah in gut durchlüfteten Scheunen.

Innerhalb solcher Ferienarbeit als auch PA lernten wir interessante Sachen. PA steht für Produktive Arbeit. Ein Unterrichtsfach, dass wir im vierzehntätigen Wechsel mit TZ – Technisch Zeichnen hatten.

Gerade bin ich überfragt, wann es ESP und wann PA hieß. Meine Überlegung ist, ob eine Bezeichnung die andere ablöste. Egal!

ESP bedeutete Einführung in die Sozialistische Produktion. Der Begriff ist doch aussagekräftig! Ob ESP oder PA – auf jeden Fall lernten wir etwas und beides war Teil des Unterrichts.

Einer meiner ersten Einsätze war im örtlichen Kuhstall. Andere Mitschüler hatten sich eine Tätigkeit im Betrieb der Patenbrigade gesucht oder waren von der Schule aus eingeteilt worden.

Ich weiß noch, dass ich Gummistiefel brauchte. Die mussten wir selbst besorgen. In der BHG hatten wir olivgrüne gekauft. Weitere Arbeitskleidung bezogen wir dort auch. Dabei handelte es sich um eine khakifarbene Latzhose plus Jacke. T-Shirt oder Pullover nahmen wir aus dem heimischen Kleiderschrank.

Von Oma, die im Kuhstall tätig war, kannte ich den Geruch, den die Kleidung bei der Arbeit annimmt.

Ich lernte, wie man eine Kuh mit der Hand melkt, vorher das Euter zu reinigen und die Melkmaschine anzusetzen.

Dabei hatten wir einen sogenannten Melkschemel um die Hüfte geschnallt. Der war ein- oder dreibeinig und sorgte dafür, dass wir nicht Kraft unserer Beine hocken mussten.

Der Einsatz im Stall vor Ort brachte einen früheren Feierabend als einer in der Schule mit sich. Wer war da schon böse?

Zu anderen PA-Aktivitäten trafen wir uns zuerst in der Schule. Von dort wurden wir zum Einsatzort gebracht oder abgeholt.

Ich erinnere mich an das Aufstellen von Sitzgelegenheiten für Greifvögel, das Pflanzen winziger Kiefern oder Kartoffeln sortieren.

Je nach Jahreszeit konnte es draußen ziemlich nasskalt und ungemütlich sein. Das mochte ich gar nicht. Denn dann wurden die Finger klamm und der gesamte Körper fröstelig.

Die Schüler, die im PA-Raum der Schule blieben, mussten bohren, sägen, schrauben...

Kartoffeln sortieren gefiel mir da eher. Dabei saßen wir warm und trocken am Förderband. Ebenso im Kleinbus, mit dem wir gefahren wurden.

Nach ein paar Stunden Einsatz ging es zurück aufs Schulareal, umziehen und mehr oder weniger sauber in den Klassenraum.

Meine Erinnerung an das Fach Technisch Zeichnen ist folgende: dafür benötigten wir zwei Druck- oder Fallbleistifte – einen mit harter und einen mit weicher Mine. Und womöglich erinnern auch Sie sich an die schwarzen KOH-I-NOOR Stifte mit eierschalenfarbenem Streifen am Ende, die Sie übrigens immer noch kaufen können.

Erste Grundlagen für handwerkliches Können wurden uns bereits im Lehrfach Werken beigebracht: Löten, feilen, messen und mehr.

M-m-m(h)

Sein persönliches Talent konnte jeder bei der MMM präsentieren. Mit Objekten aus Holz oder dem Metall-Baukasten, eigenen Erfindungen, Basteleien oder experimentellen Ideen waren wir dabei. Sicher die Wenigsten ohne Hilfe der Eltern.

Die **M**esse der **M**eister von **M**orgen fand jährlich in der Schule statt. Die genialsten Exponate sämtlicher Klassen wurden für eine gewisse Zeit in einem Schulraum ausgestellt. Sie waren während der Pausen zu besichtigen.

Vermutlich besuchten wir auch als gesamte Klasse die Ausstellung innerhalb des Unterrichts. Dass es für die Teilnahme Urkunden gab, habe ich an anderer Stelle erwähnt.

Ich fertigte meine Ausstellungsstücke, glaube ich, immer mit einem Metall-Baukasten und Unterstützung meines Vaters an.

Metall-Baukästen gab es für verschiedene Anforderungen. Einfach war es, Teile nur zusammen zu schrauben. Schwieriger wurde es, wenn zum Beispiel eine Rolle für einen Flaschenzug oder andere bewegliche Elemente dazwischen montiert werden sollten.

Auch wenn wir sie an meinen jüngsten Cousin weiter gegeben haben, mochte ich sie.

Gelbe Smileys auf grüner Etage

Vorhin erwähnte ich die „grüne Etage". So nannte sich die Etage über dem Erdgeschoss unserer Schule. Woher der Name kommt? Waren die Wände grün gestrichen? Hatte man diese Etage reichlich mit Grünpflanzen bestückt? Nee, der Fußboden hatte grünen PVC-Belag.

Auf jeden Fall gab es da ein Aquarium! Und zwar dort, wo beiderseits freier Raum fürs Verweilen, zum Beispiel für Freistunden war.

Ansonsten war nix mit Verweilen – zumindest nicht in den großen Pausen. Denn in denen sollten wir Schüler an die frische Luft.

Dafür sorgte neben der Lehreraufsicht der Ordnungsdienst. Da kommen Erinnerungen auf. Erinnerungen an den Ordnungsdienst, der oben an der Treppe stand.

Wie das Wort schon sagt, sollten die Schüler, die zum Ordnungsdienst eingeteilt waren, für Ordnung sorgen. Dazu gehörte es Acht zu geben, dass in den großen Pausen kein Schüler im Gebäude blieb.

Verantwortlich für den Ordnungsdienst waren Schüler der neunten oder zehnten Klasse. Mein Gott konnte das peinlich sein, wenn man in jemanden verliebt war, der als Ordnungshüter an der Treppe stand. An dem musste man nämlich auf dem Weg zur Toilette vorbei. Doch das hieß es ihm erst mal zu sagen, um durchgelassen zu werden. Puuh.

Hin und wieder verblieb doch ein Schüler im Schulhaus. Solche Versuche scheiterten meist, denn im Gebäude war zusätzlich ein Lehrer unterwegs.

Auf jeden Fall kam auch am Ordnungsdienst vorbei, wer durch die Lautsprechanlage ins Sekretariat gerufen worden war. (Der Ordnungsdienst sollte das zum einen gehört haben und zum anderen wissen, wer man ist.) Ins Sekretariat zu müssen, konnte verschiedene Gründe haben.

Mich schickte einst ein April-Scherz zum Direktor. Der saß im Raum neben dem der Sekretärin hinter seinem großen Schreibtisch.

Jedenfalls ließ sich ein früherer Direktor jedes Jahr aufs Neue einen April-Scherz einfallen. Theoretisch wussten wir das.

Doch wie es im Leben so ist, zwischen Theorie und Praxis liegen manchmal Welten. So auch an dem Tag, als ich flink der Durchsage folgend, ins Sekretariat eilte. Warum? Der Direktor hatte bei seiner Durchsage mitgeteilt, dass die Schule das große Glück hatte, einige wenige Karl May –Bände erstanden zu haben:

„Die Schüler, die am schnellsten bei mir sind, können so einen Buch-Band erhalten."

Wie das meines Vaters, schlug auch mein Herz für Indianergeschichten.

Darum wollte ich unter den ersten drei sein. Ich schaffte es. Noch außer Puste, stand ich erwartungsvoll strahlend vor dem Direktor. Der strahlte auch. Hinter seinem Strahlen versteckte sich jedoch gleichzeitig ein freundlich triumphierendes Grinsen. Sein April-Scherz war ihm gelungen! (Zwinkern.)

Sekretariat und Lehrerzimmer befanden sich ebenfalls in der grünen Etage.

Auf dieser habe ich mich einst verewigt. Zur Schultradition gehörte, dass sich die Zehntklässler vor dem Verlassen der Schule nochmal nützlich machen. Das heißt, sie werkelten irgendwo im Schulbereich und leisteten ihren Beitrag zur Verschönerung oder Gestaltung des Gebäudes oder Schulhofes.

Meine Schulfreundin und ich sorgten unter Anleitung unserer fantastischen Kunsterziehungslehrerin für eine im wahrsten Sinne des Wortes ausdrucksstarke Wand. Wir malten nämlich auf diese Wand verschieden große Smileys, die ganz unterschiedliche Emotionen zeigten.

Das war damals recht cool. Denn Smileys waren gerade erst im Kommen☺☺☺.

Immer wieder sonntags ...

Immer wieder sonntags kommt die Erinnerung, dibedibedebdib…. Singen oder summen Sie gern weiter.
Heute, der Tag, an dem ich das schreibe, ist auch Sonntag.
Immer wieder sonntags gab es bei uns kein Frühstücksei, sondern ein Ei zum Abendessen. Sonntags aßen wir in der Wohnstube.

Im ersten Band habe ich schon geschrieben, dass bei uns damals zu einem Zimmer auch Stube gesagt wurde: Badestube, Schlafstube, Wohnstube. Das Esszimmer war allerdings das Esszimmer und die Küche die Küche.

Bei manchen Leuten gab es die sogenannte „gute Stube". Die gute Stube wurde wahrscheinlich nur mit Gästen oder feiertags und in guter Kleidung betreten.

Sind Sie auch mit der Unterscheidung „gute" und „alte" Sachen aufgewachsen? Das prägt oder? Wenn ich aus der Schule kam, war ich so erzogen, die „guten" Sachen auszuziehen und in „zu-Hause-Sachen" zu wechseln.

Die Prägung, bestimmte Sachen „für gut" im Schrank zu haben, ist wohl auch heute noch der Grund, warum wir das ein oder andere Kleidungsstück nicht wirklich abtragen.

Nun aber von der Bluse „für gut" über die gute Stube zurück ins Wohnzimmer, wo sonntags zu Abend gegessen wurde.

Ich glaube, im Winter taten wir das auch unter der Woche. Eine Zeit lang hatten wir uns angewöhnt, die Schnitten in der Küche fertig zu machen und einen großen Teller davon mit ins Wohnzimmer zu nehmen.

Und ich sage Ihnen, da wurde nicht unüberlegt oder übers Maß hinaus gefuttert, denn für jeden war seine gewohnte Menge bereitet. Sonntags gab es dazu ein gekochtes Ei. Warum es das bei uns nicht morgens gab, ich weiß es nicht. Es war eben so.

Manchmal standen am Sonntag auf dem Abendbrottisch aufgewärmte Reste vom Mittagessen. Vielleicht ein kleines Stückchen Fleisch mit Soße. Ich mochte übrigens schon damals etwas Kaltes mit warmer Soße. Das konnte eine Scheibe trockenes Brot sein oder Kartoffel- oder Gemüsesalat. Am allerliebsten Kartoffelsalat, mit etwas warmem Grünkohl und Soße vom Entenbraten zu Weihnachten. (Jetzt tropft mir der Zahn vor Appetit!)

Ein sonntäglicher Mittagsrest war manchmal auch ein Kloß. War der übrig, freute ich mich bereits mittags aufs Abendbrot. Dann verspeiste ich diesen nämlich in Scheiben gebraten und gezuckert. Das kam aber nicht oft vor, denn solch „Süßkram" gehörte nicht auf den Abendbrottisch.

In meiner Kindheit und Jugend war ich regelmäßige Mahlzeiten zu festen Zeiten gewohnt. Spielen, arbeiten, im Dorf unterwegs sein, Hausaufgaben machen, alles wurde danach ausgerichtet und das funktionierte gut.

Im Sommer, vor allem in den Ferien ging es nach dem Abendbrot stets nochmal raus. Wenn Nachbars Enkel zu Besuch waren, ging es „vor die Tür". Das bedeutete vors Haus, nicht in den Hof oder Garten.

Dort spielten wir mitunter tagein, tagaus Federball. Stundenlang und ausdauernd bis es so dunkel wurde, dass wir den Ball nicht mehr in der Luft erkennen konnten.

Zu jener Zeit floss der Strom noch durch die Luft. Natürlich nicht durch Magie, sondern durch überirdische (das klingt ja doch magisch) Stromleitungen. Zwischen unserem und dem Grundstück des Nachbarn standen zwei Strommasten. Die Leitung, die beide Masten verband, nutzten wir als Grenze, über die unser Federball immer hinweg sollte.

Immer wieder sonntags wurde im DDR-Fernsehen auch die Ziehung der Lotto-Zahlen übertragen. Während der weibliche Teil der Familie sonntags Prof. Klaus und Dr. Udo Brinkmann entgegen fieberte, war es bei Papa die Sendung *„Sport aktuell"*.

Was vor der Haustür geschah

Vor unserer Haustür spielte sich eine ganze Menge ab. Zum Beispiel Handballtraining. Naja, unsere Mannschaft zählte lediglich zwei Spieler. Das heißt, einer war Torwart, der andere Spieler.

Der Handball wurde auch mal zum Fußball. Er war höchstwahrscheinlich ein solcher. Auf jeden Fall war er ein guter – so wie wir auch (Zwinkern) und aus Leder.

Unsere Trainingszeit war am Wochenende, samstags nach getaner Haus-, Hof- und Gartenarbeit oder irgendwann sonntags.

Mein Trainingspartner war Papa. Wir waren faire Sportler. Jeder wollte das Beste für den anderen. Im Tor war kein Netz, sondern pures Holz, denn es handelte sich um unser Gartentor.

Ich glaube, nachdem es frisch gestrichen worden war, wurde unser Training eingestellt oder zumindest der Übungsplatz verlegt.

Was war noch vor unserer Haustür los? Zum besseren Verständnis: Wir wohnten direkt an der Fernverkehrsstraße (der heutigen Bundesstraße B101). Zwischen der Straße und dem Haus befand sich eine große Rasenfläche ist. Die wiederum war nochmals von einem

Gehweg unterteilt. So trennten uns etwa zweiundzwanzig Meter von der Straße.

Zwar war das mit Arbeit verbunden (ich denke ans Rasen mähen oder Laub harken), doch gleichzeitig eine schöne Gegebenheit.

Das bedeutete nämlich Platz. Fotos von einem meiner Kindergeburtstage zeigen, dass wir damals sogar vor dem Haus gefeiert haben. Omas und Opas, Tanten, Onkels sowie Freundinnen machten sozusagen mitten auf dem Gehweg und dem angrenzenden Rasen Party.

Erinnern Sie sich an die fetzigen Kunststoffhocker und –tische? Unsere Ausstattung zählte orange Hocker und dazu einen weißen Tisch. Ich glaube, man konnte sie komplett auseinander nehmen, also die zwei Hälften als auch den Deckel.

Einige Leute hatten andersfarbige Deckel (also Sitzflächen). Was ich nicht weiß, ob sie die Hocker mehrfarbig kauften oder eigene Kombinationen zusammen stellten. Sie, liebe Leser und Leserinnen haben sicher die Antwort.

Die Art von Möbeln hatte in meinen Augen eine wunderschöne Form. Vielleicht imponierte mir deren schmale Taille, die der liebe Gott mir versagt hat (Zwinkern). Wegen ihrer Form werden sie Tulpenfuß genannt.

Unter dem Namen *Tam Tam* haben die Kunststoffhocker ins Leben zurück gefunden.

Vermutlich waren sie niemals verschwunden. Sie sind in zahlreichen Farbtönen und ab zweiundzwanzig Euro aufwärts erhältlich.

Laut Internet: die Design-Ikone der Sixties!

Was für mich als Kind sehr interessant war, dass diese Hocker und Tische in ihrem Inneren über Stauraum verfügten. Wofür ich den nutzte, bin ich mir nicht mehr so richtig im Klaren. Aber ich meine, dass ich darin Regenwasser sammelte (Zwinkern).

An solch oben genannten Geburtstags-Tagen wurde die Hollywoodschaukel sogar auf den Rasen gestellt. Die stand sonst unter dem überdachten Eingangsbereich des Hauses.

Im Sommer saßen wir abends oft draußen. Oma und ich schaukelten gern mal etwas intensiver, Opa mochte es lieber gediegen.

War ich mit Opa allein auf der Schaukel, schaukelten wir weniger, spielten jedoch oft Karten. Heut darf ich bestimmt verraten, dass wir „Siebzehn und Viere" spielten. Damals sollte ich es für mich behalten.

Vielleicht bedingt durch weniger Straßenverkehr herrschte in meiner Kindheit buntes Treiben in den Dörfern. Ob mit Puppenwagen, Fahrrad oder Roller, auf Rollschuhen oder zu Fuß – wir waren „auf Achse" und erhielten keine Strafe, wenn wir auf dem Bürgersteig (Gehweg) fuhren.

Schön war´s!

Ein Kessel Buntes

Monika Hauff und Klaus-Dieter Henkler gehörten zu den Moderatoren, die am Samstagabend im DDR-Fernsehen *„Ein Kessel Buntes"* präsentierten. Hier möchte ich (m)einen Kessel Buntes darbieten: weitere meiner Erinnerungen bunt gemischt. Los geht´s.

Denken Sie doch mal daran, wie wir früher in den Urlaub gefahren sind. Da kommt sicher jedem etwas anderes in den Sinn. Vielleicht sind darunter Begriffe wie Trabi, FDGB, Ferien, Zelten, Camping oder Marmorkuchen.

Mit dem möchte ich beginnen. Sowas kommt mir in den Sinn, während ich Ihnen eigentlich etwas ganz anderes berichten möchte. Egal, nun sind wir beim Marmorkuchen gelandet.

Bisweilen packten wir für den Urlaub einen halben Marmorkuchen und einen halben Zitronen-Rührkuchen ein. Ich aß beide gern, doch das tut nichts zur Sache. Bei dem einen Kuchen mundete der Schokoteig, bei dem anderen neben dem erfrischenden Teig die leckere Zitronenglasur. Aufgrund sommerlicher Temperaturen ließ Mutti die Schokoladenglasur auf ersterem nämlich weg.

Zum Kuchen packten wir Butter, ein Glas selbstgemachte Marmelade (am liebsten Erdbeergeschmack), Kaffee und für diesen den kleinen Reise-Tauchsieder ein. Erinnern Sie sich an die cremefarbene Camping-Thermo-Schraubdose für Butter?

Das war dann unser Frühstückszubehör für den Ostseeurlaub in einem Privatquartier.

Von Privatquartieren an der Ostsee kann sicher der ein oder andere Geschichten erzählen. Wie froh wir über ein Domizil waren!

Ich kann mich an eine Unterkunft erinnern, in der wir mehrfach eine Bleibe fanden. Zum ersten Mal war sie das während eines FDGB-Urlaubes im Ostseebad Boltenhagen.

Wir hatten kein Hotelzimmer, sondern ein Privatquartier, gingen aber zu den Mahlzeiten ins FDGB-Ferienheim.

Das war spannend. Es ist gut möglich, dass wir Halbpension gebucht hatten. Das Frühstück und Abendessen erstanden wir uns tapfer. Wir konnten da nicht einfach hinkommen und uns an den Tisch setzen. Nein! Erst einmal stellte sich mindestens einer von uns in der Warteschlange auf der breiten Treppe an.

Ich weiß gar nicht mehr, ob wir in Intervallen in den Speisesaal gelassen wurden. Jedenfalls war meine größte Bange beim Frühstück oder Abendbrot, nichts aus der leckeren Fruchtquarkschüssel abzubekommen.

Anders war es im ganz privaten Urlaub. Bei mitgebrachtem Frühstückszubehör fehlten lediglich die Brötchen. Für die galt es sich früh am Morgen auf die Beine zu machen. Nix von wegen Ausschlafen im Urlaub.

Vielleicht stammt daher der Spruch „Wer zu spät kommt, den bestraft das Leben", denn wenn die Brötchen all waren, waren sie all! Das konnte durchaus vor acht sein, meine ich.

Wenn wir nun schon mal beim Ostsee-Urlaub sind, will ich noch von der Fahrt berichten. Die Ostsee ist ja heute nicht näher gerückt als sie es damals war. Trotzdem dauerte die Fahrt seinerzeit länger. Wir durften auf der Autobahn nur mit 100 km/h langhin düsen. Ja. Sie haben richtig gelesen, 100 km/h. Auf der Landstraße waren 80 km/h vorgeschrieben. Dennoch kamen wir ans Ziel.

In eine kleine rot-schwarz-karierte Decke eingekuschelt zu schlafen, war meine Lieblingsbeschäftigung auf der Reise an die Küste.

Dabei freute ich mich auf den großen Moment, wenn wir kurz vor dem Ziel waren. Denn manchmal konnte man von einem höher gelegenen Punkt der Straße schon das große weite Meer sehen. Bezaubernd!

Ich will Ihnen keine Lügen erzählen. Wahrscheinlich schlief ich nicht durch. Denn zur Fahrt in den Urlaub gehörte doch ein Picknick an einer Autobahn-Raststätte.

Dafür hatte Mutti mit Schinken oder harter Wurst belegte Schnitten gemacht und frische Eier gekocht. Wahrscheinlich gab es auch Tee oder Kaffee aus der Thermoskanne.

Das war schön und jedes Mal hatte ich das Gefühl, ich könne die See schon riechen. Dabei war die Pause sicher auf halber Strecke, also noch weit über einhundert Kilometer entfernt.

Nun erinnere ich mich auch an einen Urlaubs-Spiel-Freund. Er wohnte ebenfalls in unserer Unterkunft in Ueckeritz. Das Einzige, was ich von ihm noch weiß, ist, dass er mir erzählte, dass das Mädchen auf unserem DDR-Puppendoktorspiel seine Schwester ist.

Bei Unterhaltungen mit meinen Eltern in Vorbereitung dieses Buches, war diese Episode auch bei meinem Vater sofort präsent.

Derweil ich das schreibe, habe ich im Internet nach dem Spiel gesucht. Es gab sicher nur das Eine. Als ich daneben ein Bild vom Friseurspiel anschaue und all das, was sich in der Kiste befindet, wird mir ganz warm ums Herz. Ich erkenne alles wieder: den kleinen eckigen Spiegel, die Mini-Seife, das rote Plastik-Rasiermesser, eine flache recht harte Bürste ohne Stiel, schmale Lockenwickler und Ampullen. Der Anblick wirkt innerlich wie eine Verjüngungskur.

Mit dem Post-Spiel würde es mir ebenso gehen! Ich liebte es!

Jetzt komme ich zu dem, worüber ich längst schreiben wollte. Denn was gehörte an und für sich mit ins Urlaubsgepäck?

Na ein Vierundzwanziger oder Sechsunddreißiger ☺! Überlegen Sie noch? Ich meine Filme für den Fotoapparat. Erfahrungsgemäß brachte der Vierundzwanziger meist siebenundzwanzig Bilder heraus.

Wir haben da manchmal bereits vorher eine kleine Hochrechnung gemacht. Immerhin kosteten der leere Film als auch die Entwicklung und jedes Foto.

Im Gegensatz zu heute haben wir nicht drauflos geknipst. Abgedrückt war abgedrückt. Ein Bild ging danach nicht mehr zu löschen. Nun ja, wir hätten es zerreißen und wegwerfen können, doch das war nicht der Sinn.

Für die Entwicklung der Aufnahmen brachten wir den vollen Film zum Fotografen. Ich war immer achtsam, dass ich den Fotoapparat nicht aus irgendeinem Grund öffne, den Film belichte und dadurch „vernichte".

Noch etwas zum Urlaubsgepäck. Dazu gehörte mindestens ein Kartenspiel. Wenn es regnete, wurde auf dem Zimmer gespielt.

Das war einfach so. Einen Fernsehapparat gab es nicht im Zimmer. Außer Museen, Tierparks oder den coolen Blechkinos standen kaum andere Vergnügungsmöglichkeiten zur Verfügung.

Eine glatte Fünf für meinen Mut

Heute mache ich in meiner Arbeit als Therapeutin und Coach Frauen Mut. Ich unterstütze die Frauen dabei, mutig zu sein: Mut zur Veränderung zu haben und den Mut, ganz sie selbst zu sein.

Das, obwohl ich selbst vor vielen Jahren für meinen Mut eine Fünf kassiert habe. Wer mich kennt, weiß, ich war ein eher zurückhaltendes Kind. Erst mit Beginn meines Weges als Therapeutin und ersten Praktika wurde mir ziemlich klar, so schüchtern funktioniert das nicht.

Nun ja und in der Schulzeit wollte ich auch mal mutig sein. Wenn es im Deutschunterricht darum ging, ein Gedicht aufzusagen, hatte ich meist den Mut, mich als Erste zu melden.

Das war sicher nicht allein auf Mut begründet. Denn meine Motivation lag darin, es dann hinter mir zu haben. Ich brauchte danach nicht mehr angespannt und aufgeregt zu sein.

Im Musikunterricht wagte ich einst ganz spontan das, was mir die Fünf einbrachte. Ein großes Ding für mich brave Schülerin.

Während die gesamte Klasse aufgestanden war, um ein Lied zu trällern, kam mir nach wenigen Tönen die Idee, statt wahrhaft zu singen lediglich den Mund zu bewegen.

Wahrscheinlich hatte ich keine Lust zum Singen. Vielleicht wollte ich ausprobieren, wie das ist? Ob die Lehrerin es merkt? Vielleicht hab ich mir gar nichts dabei gedacht und war überzeugt, es fällt nicht auf.

Ich glaube, ich ging davon aus, dass es die Lehrerin nicht mitbekommt. Doch das Leben belehrte mich eines Besseren. Denn es fiel auf und wurde mit einer Fünf bewertet.

(Eine Anmerkung: „mehr ging nicht", die Fünf war die schlechteste Note und bedeutete „ungenügend".)

Auch wenn ich das heute schreibe, macht sich ein verhaltenes Grienen in mir und auf meinem Gesicht breit. Ich will mich hier nicht loben, möchte jedoch erwähnen, dass ich eine kleine Streberin (eine Einserschülerin) war. Das soll eingeflochten sein, damit sie nachvollziehen können, warum die Fünf etwas Besonderes für mich war.

Heißt es nicht: „Man muss alles mal erlebt oder mitgemacht haben."? Ich weiß auch noch, wie ich zu Hause zur Tür herein kam und fast stolz verlauten ließ, dass ich heute eine Fünf erhalten habe.

Irgendwie fanden das alle ein bisschen lustig. Genug! Ich habe auch Reue gezeigt und mich der Lehrerin gegenüber etwas geschämt.

Nun folgte noch diese öffentliche Beichte.☺

Aus dem Unterricht bei der Lehrerin ist mehr hängen geblieben!

An dieser Stelle möchte ich eine Weisheit kundtun, die sie regelmäßig wiederholte: „Was Du heute kannst besorgen, das verschiebe nicht auf morgen!".

Der Satz hat sich mir eingeprägt. Bei Ihnen sitzt er womöglich auch. Ob diese Lebensweisheit von Vor- oder Nachteil ist, sei dahin gestellt. (Es gibt Coaching – Kunden, bei denen es nötig ist, diesen Glaubenssatz zu korrigieren.)

Die genannte Musiklehrerin ist übrigens nicht diejenige, welche mir das Akkordeon spielen beibrachte, sondern eine weitere, die sich Tanz und Trachten verschrieben hat.

Dieses Kapitel soll kein Aufruf zum Fünfen schreiben sein! Sehen Sie ihn eher als kleinen Aufruf, das Leben nicht immer so ernst zu nehmen!

Pommes – Juhu!

Pommes – korrekter Weise Pommes frites – gehören für mich zu den Raritäten in der DDR.

Wenn ich heutzutage in einer Gaststätte oder an einem Imbiss welche bestelle, haben sie noch immer einen Hauch von Besonderem.

Dabei sind Pommes inzwischen alltäglich.

Doch früher war alles anders. (Zwinkern) Irgendwann erzählte mir meine Mutter, dass im Keller ein Frittier-Topf steht. Den hatten meine Eltern zur Hochzeit geschenkt bekommen. Ich wollte ihn unbedingt ausprobieren, was ich bald darauf tat.

Heute habe ich im Kochbuch geblättert – im meiner Meinung nach beliebtesten aus damaliger Zeit: *„Kochen"* – 1979 im Verlag für die Frau erschienen. Mir wurde das Buch zur Jugendweihe geschenkt. Eines der besten und nachhaltigsten Geschenke von diesem Tag.

(Nebenbei bemerkt: Auch das Nagel-Etui aus dem Jahr 1988 ist bei mir noch in Gebrauch. Allerdings hat die ein oder andere zur Jugendweihe erhaltene Feinstrumpfhose inzwischen das Zeitliche gesegnet.) (Zwinkern)

Zurück zum Kochbuch. Es soll nicht ungesagt bleiben, dass dieses Kochbuch neu aufgelegt, doch in fast unverändertem Cover immer noch erhältlich ist! Ein heißer Tipp!

Warum ich heute darin geblättert habe? Weil ich neugierig war, ob ich etwas zu Pommes frites finde. Ja. Auf Seite einhundert sechsundsechzig steht in acht Zeilen erklärt, wie Sie Pommes selber machen können.

Ich weiß nicht mehr, ob wir uns damals bei unseren Versuchen auch an das Rezept hielten. Vielleicht frittierten wir die rohen Kartoffelstreifen, ohne Weiteres zu beachten, in dem heißen Fett. Unsere selbst gefertigten Pommes schmeckten nicht wie in der Gaststätte, aber sie schmeckten. Der größte Unterschied lag sicher in der Konsistenz.

Bei wem Pommes super schmeckten, waren Katzschkes. Sagt Ihnen der Name Katzschke etwas? *Katzschkes Restaurant* existiert heute noch und mittlerweile in vierter Generation. Sie finden das Restaurant im Städtchen Dahme/Mark.

Wir waren selten bei Katzschkes essen. Das machte es jedoch besonders. Wenn ich mich recht erinnere, wurde es ein Highlight zu Beginn der Sommerferien. Sozusagen als Belohnung fürs Zeugnis fuhren wir Pommes und Steak essen.

Nun wollte ich schreiben, dass wir bestimmt vorher einen Tisch reservieren mussten. Doch wie taten wir das?

Ein Telefon hatten wir ja nicht. Fuhren wir vorher hin? Das wären hin und zurück etwa fünfzig Kilometer gewesen. Ich lasse an dieser Stelle die Frage einfach mal offen!

Vielleicht fragen Sie sich, warum wir in keine andere Gaststätte gefahren sind. Die Antwort lautet: weil es nicht in jeder beliebigen Gaststätte Pommes frites gab.

Noch ein Tipp am Rande: In der *Kaxdorfer Schenke* können Sie Steak, Pommes und Letscho wie einst speisen. Lecker!

Zu Pommes habe ich eine weitere Erinnerung. Diese Erinnerung führt uns in einen Sommerurlaub. Bei einem Abendspaziergang hörten wir entfernt schöne Musik. Ihr folgend, landeten wir, meine Eltern und ich, bei einer Disco-Veranstaltung unter freiem Himmel. Dabei entdeckte ich ein Imbiss-Fenster, an dem eine Pommes-Fahne wedelte oder ein Hinweis-Schild stand.

In meinem Gedächtnis ist diese Erinnerung eine wundervolle Kopplung aus der Entdeckung von Pommes und einem zeitgleich laufenden schönen Song, auf dessen Titel ich leider nicht mehr komme. Es könnte ein Titel von Valerie Dore oder Laura Branigan gewesen sein.

Eine „Hymne" für die frittierten Kartoffelstäbchen ☺. Pssst: Ich mag sie heutzutage lieber mit Mayo statt Ketchup. (Zwinkern)

Da ging einem die Spucke aus

Deshalb verwendeten wir ein rundes orangefarbenes Schwämmchen. Das tränkten wir auf einer mit Wasser bedeckten Untertasse.

Alljährlich half ich Opa gern, wenn wir Marke für Marke ins Umsatzwertmarken-Heft klebten. Einzelne Marken klebten wir ganz zuletzt, beziehungsweise wenn in der Reihe noch welche fehlten. Begonnen wurde mit einem Streifen mehrerer aneinander heftender Marken. Je nachdem in welcher Höhe wir Einkäufe getätigt hatten, fielen die Wertmarken aus. Bei der Höhe spielte keine Rolle, in welcher Etage wir eingekauft hatten. Ich meinte die Summe des Kaufpreises. (Zwinkern)

Auf eine Seite des Heftes passten fünf mal zehn Marken. Es war möglich, dass wir sechs oder sieben Marken am Stück kleben konnten. Solch ein Heftchen genügte meist nicht.

Dann nutzten wir Blätter desselben Formats aus einem sogenannten Vokabelheft.

Es gab 1, 5, 10 und 20 Mark Konsummarken. Entsprechend dem Wert, den man beim Einkauf bezahlte, erhielten wir die Marken.

Zu Beginn mussten wir erst einmal sämtliche Marken nach ihrem Wert sortieren. Wir konnten sie nicht einfach bunt durcheinander ins Heft fügen. Gesammelt hatten wir sie in einer Holz- oder Metalldose.

Dann begannen wir mit den grünen 1er Marken gefolgt von den blauen 5er, grauen 10er und roten 20er Wertmarken. Die Häufchen der 10er und 20er waren viel kleiner, denn große Konsum-Einkäufe waren seltener.

Zum Jahresende reichten wir unsere geklebten Umsatzwertmarken-Hefte ein. Wir gaben sie in unserem Dorfkonsum ab. Nach einiger Zeit erhielten wir dann eine Prämie oder Rückzahlung in Höhe von etwa 1,5 Prozent.

Um diese Marken und damit verbunden die Rückerstattung zu erhalten, musste mindestens ein Familienangehöriger Mitglied in der Konsumgenossenschaft sein.

Mit Opa konnte ich stundenlang gemeinsam schweigend am Couchtisch sitzen und einkleben. Rein theoretisch müsste das Kleben in einem Jahr, in dem sich die Familie einen Fernsehapparat gekauft hat, viele Stunden in Anspruch genommen haben. Denn ein Farbfernseher kostete etwa viertausendfünfhundert Mark. Das bei 20 Mark-Marken …

Natürlich gab es den Fernseher nicht im Dorfkonsum. Doch ich meine, in den Städten existierten der Konsumgenossenschaft zugehörige Kaufhäuser.

Schuppen waren weit verbreitet

Schuppen waren mir nicht fremd! Auf dem Dorf hatten die meisten Familien Schuppen. Auch bei uns kannten sich alle damit aus. Oma und Opa, meine Eltern und ich wussten Bescheid, wo die aktuell bevorzugten Nester der Hühner waren.

Woran haben Sie beim Lesen gedacht? Meine Gedanken, Erinnerungen und Bilder waren bei unserem Schuppen gleich hinter der Scheune.

Dieser Schuppen war zu einer Seite offen und diente als Unterstellmöglichkeit für diverse Dinge, wie zum Beispiel Gartengeräte.

In diesem Schuppen stand gleich vorn ein alter sogenannter Motorwagen. Darin befand sich ganz hinten ein Nest, in dem die Hühner gern Eier ablegten. Das taten sie an weiteren Stellen innerhalb des Schuppens. Die wechselten von Zeit zu Zeit, was etwas Österliches an sich hatte. Denn für uns hieß das suchen, um sämtliche gelegte Eier zu entdecken.

Durch unsere Scheune führte eine niedrige Tür zum Schuppen. Zu diesem Türchen gelangte man über zwei Holzstufen. Den Zugang benutzten wir so gut wie nie, vielleicht hatte er deshalb etwas Geheimnisvolles für mich.

Etwas Magisches wie ausnahmslos alle Schuppen, Bodenkammern oder Stallböden. Auf beziehungsweise in solchen konnten wir als Kindern stöbern. Ich durchforstete gern jede Ecke und jeden Winkel. Es gab immer irgendetwas zu entdecken.

Sei es hinter einem Heuhaufen, einer alten quietschenden Schranktür oder in einer großen hölzernen Truhe. Die Welt erkunden macht doch Spaß.

Ich erinnere mich an ein altes Kleid und einen Mantel, die im Schrank in einem Kämmerlein hingen. Auf dem Boden des Schrankes lagen dicke Bücher in altdeutscher Schrift. Keine Ahnung, was darin geschrieben war, doch sie faszinierten mich und tun es heute noch.

In einer zweiten Etage dieses Dachbodens war mitten im Raum das Puppenhaus meiner Mutter und ihrer Schwestern abgestellt. Woran ich mich dabei erinnere, sind hohe Fenster nebst ebenso langen Gardinen, die natürlich über all die Jahre vergraut waren.

Auf dem Hausboden meiner Tante und Großeltern im Nachbardorf fand ich zwei drei alte Spiele meines Vaters und seiner Schwester. Darunter ein Angelspiel. In meiner Kindheit waren die Fische aus Plastik, eine Generation zuvor aus Pappe. Und im Schuppen auf deren Hof entdeckte ich Opas Trompete, aus der mir nur ein klägliches Perpen gelang.

War das 'ne Süße

Auch Hennen können süß sein. Helga war sowieso eine besondere Henne. Ahnen Sie, welche Helga ich meine? Die Helga, die Engelsflügel und einen Heiligenschein trug, als sie auf der AMIGA Langspielplatte ganz unschuldig guckt.

Gleichzeitig die Helga, die als Frau Poppe vor Gericht stand und uns mit Alfred Müller als Richter knapp zehn köstliche Minuten schenkte.

Helga Hahnemann war im wahrsten Sinne des Wortes ein Pfundsweib. Neben Henne wurde sie auch Big Helga genannt.

Über den Sketch mit Alfred Müller kann ich immer und immer wieder herzhaft lachen. Wenn Sie die Gerichtsszene kennen, erinnern Sie sich vielleicht: an einer Stelle kann sich Helga nicht beherrschen und muss selbst köstlich lachen. Beide meistern die Situation mit Bravour.

Die oben erwähnte LP (Langspielplatte) gehörte auch zu unserer Plattensammlung und war bestimmt eine ihrer erfolgreichsten.

Für weitere gute Laune sorgten bei mir Rolf und Hans-Joachim. Na, alles klar?

(Zwinkern)

Deren Schallplatte hatte gleichermaßen den Titel *„Eine 2. Stunde Gute Laune"*. Darauf unterhielten Rolf und Hans-Joachim hervorragend. Sie wurden fast nur unter ihren Nachnamen Herricht & Preil genannt und sind Ihnen sicher als diese bekannt. Von all ihren Sketchen sind wohl *„Die Briefmarke"* und *„Der Gartenfreund"* Kult.

Über wen konnten wir noch so lachen, ohne, dass wir uns lustig machten?

Zum Beispiel zählt Winfried Krause dazu. Mit seiner gemütlichen Mundart und langgezogenen Worten, war er unter anderem bei doar Frau Ääboard *„Zwischen Frühstück und Gänsebraten"* zu Gast.

Fragt sich jetzt jemand: „zwischen Frühstück und Gänsebraten"? Das war die Traditionssendung am ersten Weihnachtsfeiertag. Sie wurde von elf bis dreizehn Uhr auf dem ersten Programm übertragen. Die fleißigen Muttis und Omas, die sich in dieser Zeit um den eigenen Enten- oder Gänsebraten kümmerten, wurden immer mal wieder aus der Küche gerufen. Nämlich dann, wenn es etwas besonders Sehenswertes gab.

Ebenso unvergessen sind Heinz Rennhack und Herbert Köfer. Ich denke bei Heinz Rennhack an seinen Auftritt als Gedichte vortragendes Mädchen. Googeln Sie ruhig mal Herbert Köfer als Hugo mit Traudel Schulz ☺.

Wir wussten uns zu wehren

Das lernten wir spätestens in der neunten Klasse. Die Jungs als auch wir Mädchen wurden darin geschult und hatten tatsächlich Wehrunterricht.

Unsere Jungs mussten ins sogenannte Wehrlager. Wir Mädchen hatten in der Schule ZV, was für Zivilverteidigung steht.

Wenn ich mir das heute vorstelle...

Ein Lehrer, der später zum Wohle aller Schülerinnen von der Schule verwiesen wurde, ließ uns quer über den Sportplatz robben, gleiten und kriechen.

Ja, wer sich auskennt, weiß, das sind drei verschiedene Fortbewegungstechniken.

Ob Winnetou und diverse Indianerstämme ihr lautloses Vorwärtskommen auch in Robben, Kriechen und Gleiten klassifiziert haben?

Zurück zum ZV – Lehrgang. Ich kann mich an nicht viel erinnern. Das mag eventuell daran liegen, dass ich bei dem Ausbilder mit meiner eigenen Abwehr beschäftigt war.

Was ich noch im Kopf habe, ist eine Abschluss-Übung. In unserer „Kampfkleidung", dem ZV – Anzug, liefen wir durch Kellerräume der Schule, die ich nie zuvor betreten hatte.

Ich bin sogar der Meinung, dass wir durch eine Art Abdeckplatte das Licht des Schulhofes erblickten und diesen betraten.

Doch ich will nicht klagen, die Jungs hatten härteres Training! Dazu kann ich keine Äußerungen machen. Vielleicht erzählt mal jemand während einer meiner Lesungen davon.

Bei dem Thema Wehr möchte ich das Kapitel nutzen, um mich nochmal bei der Feuerwehr/bei allen Feuerwehrmännern und -frauen für ihren Einsatz zu bedanken!

Ich glaube, jedes Mal, wenn in einem Ort die Sirene zu hören ist, zuckt der Mensch zusammen und überlegt sofort, was geschehen ist beziehungsweise, wo dringend Einsatz und Hilfe nötig sind.

Eigentlich nicht zum Lachen und doch etwas zum Schmunzeln: In jener Nacht, in der meine Eltern ihren Polterabend feierten, wurde wenige Zeit später in den Morgenstunden die Feuerwehr zum Einsatz gerufen. Im Nachbarort brannte eine Lagerhalle der LPG. Da mein Vater aus diesem Ort stammte, waren viele Polterabendgäste auch von dort.

Sämtliche Feuerwehrmänner bewiesen, dass sie auch beschwipst löschen können. Auch wenn der Helm verkehrt herum sitzt ☺!

Der kleine Trompeter

Vom großen Trompeter, meinem Opa Erich, habe ich im ersten Band meiner Erinnerungen geschrieben. Hier geht es um den kleinen Trompeter.

Wir haben ihn als Pioniere besungen. Sicher auch als wir angehende Thälmann-Pioniere in Ziegenhals waren. Dort besuchten wir die Ernst –Thälmann – Gedenkstätte. Wir betraten sie als Jungpioniere und verließen sie, das rote Halstuch tragend, als Thälmann-Pioniere.

Neben dem Lied *„Der kleine Trompeter"* gibt es ein Buch mit dem Titel *„Der kleine Trompeter und sein Freund"*. Dieses Buch ist der Auftakt einer ganzen Reihe der sogenannten Trompeter-Bücher. Vielleicht entsinnen Sie sich an die Büchlein im Format 15 x 10,5 Zentimeter. Mir wird bei der Erinnerung an *„Bootsmann auf der Scholle"* von Benno Pludra (der Name war so einprägsam) ganz warm ums Herz. Dieses Buch zählte wie *„Die Suche nach dem wunderbunten Vögelchen"* zur Reihe der kleinen Trompeterbücher. Gerhard Holtz-Baumert ist Autor des ersten, hundertsten und zweihundertsten, gleichzeitig dem vermutlich letzten, Trompeterbüchleins.

Auch in diesem Band geht es vielleicht im Nu
langsam auf das Ende zu.
Die nächsten Zeilen beziehungsweise Kapitel
hab ich für Sie gedichtet –
Sie sind ja nicht verpflichtet,
sie zu lesen und verstehen...
vielleicht mögen Sie sie überfliegen oder einfach drüber weg sehen.
Übrigens ...
Wissen Sie noch zur Weihnachtszeit,
so manche Kiefer hatte da kein schönes Kleid.
Papa nahm dann eine Bohrmaschine,
fügte Äste in den Stamm und machte aus dem
Bäumchen eine flotte Biene.

Wurde „auf dem Dorfsaal" Hochzeit gefeiert,
wussten das viele schon und
außerdem war`s Tradition,
des Abends durchs Saalfenster zu schauen
und vor einem spendierten Schnäpschen nicht
„abzuhauen".
Für das Hochzeitsfoto hatte man oft einen
großen Hänger vorgefahren,
weil es meistens allerhand Gäste waren.
Jeder sollte sein zu sehen,
ob im Sitzen oder Stehen.
Dafür wurden die Gäste vom Fotografen teilweise in fünf bis sechs Reihen platziert,
auf dem Hänger und Stühlen stehend - bei Bedarf mit einem Tischpartner - völlig ungeniert.

Selbstgemacht ist selbstgemacht

Das hat sich Oma auch gedacht. Drum zauberte sie aus Mehl, Wasser und Ei einen Nudelteig herbei.
Auf einem großen hölzernen Brett rollte sie diesen mit dem Nudelholz aus.
Dann schnitt sie schmale Streifen daraus.
Die hängte Oma zum Trocknen auf und so nahm das Nudel-Eintopf-Kochen seinen Lauf.
In der sogenannten alten Küche vollzog sie diese Prozedur.
Ich naschte solch ein Stück ungekochte Nudel gern auch pur.

Mehr von leckeren Speisen und Gebäck
sowie dem ein oder anderen Snack
finden Sie im ersten Band von Dorfkinds Erinnerungen.
In dem wird auch musiziert und gesungen.
Dort lesen Sie, wenn Sie´s nicht schon taten
von der Gemeindeschwester und wie Arme Ritter zu uns nach Hause geraten.

Während ich das schreibe und Sie lesen,
ist´s als wär das Alles erst gestern gewesen.
Lassen Sie uns ein gemeinsames Stück Zeitreise machen, zusammen schmunzeln und lachen.

Opernführer und Lexikon

Wir hatten auch so einige davon.
Begonnen bei *„Anton bis Zylinder"*- dem Lexikon für Kinder.
Drei Bände *„Meyers Kleines Lexikon"* in Rot,
gab es Fragen zu Oper und Operette waren wir nicht in Not:
Der Opernführer stand greifbar im Schrank –
Gott sei Dank.
Auch *„Alex, Spree und Ehrenmal"* fand man bei mir im Regal.
Es war in der Reihe *„Mein kleines Lexikon"* erschienen und sollte Kindern zur Bildung dienen - so auch *„Pflanzen, Tiere und Maschinen"*.
Vielleicht kennen Sie die Ausgabe *„Halstuch, Trommel und Fanfare"* …
„Autos, Straßen und Verkehr" vielleicht eher.
Und womöglich erinnern Sie sich daran:
Auf der Vorderseite des Buches *„Fremdwörter – Lexikon für Kinder"* geht einem jungen Mann in Form einer Kerze mitten auf dem Kopf ein Lichtlein an.
Ich will damit sagen, auch ohne *Google* fanden wir Antworten auf viele unserer Fragen.
Mancher von uns brauchte sicher Zeit sich zu gewöhnen, für eine Antwort ins Internet zu gehen, statt suchend vor Büchern zu stehen.

Sendepause

Früher Fernsehen gucken Tag und Nacht,
das haben Sie gedacht.
Irgendwann war Sendepause
und nichts mehr mit *„Du und Dein Garten"* von
Erika Krause.
Der Flimmerkasten zeigte dann sein Testbild,
ein farbenfrohes Mosaik wie ein Aushängeschild.
Ansonsten hatte der Staatsanwalt das Wort
oder Schnattchen und Frau Elster plapperten
in einem fort.
Herr Fuchs sagte manchmal keinen Mucks
während Pittiplatsch sorgte für Quatsch.
„Wenn schon denn schon" und *„Schätzen Sie mal",*
die Senderwahl war keine Qual.
Wir brauchten lediglich zwischen zweien wählen
und ließen uns bei der *„Aktuellen Kamera"* die
neusten Nachrichten erzählen.
Davor lief sonntags *„Tele-Lotto"* –
„5 aus 35" war das Motto.
Schon damals hatten Rentner niemals Zeit
währenddessen Frau Dr. Federau zum Dienst
stand bereit.
„Außenseiter Spitzenreiter"…

auch „*Klock 8, achtern Strom*" war oft recht heiter.
Beim „*Oberhofer Bauernmarkt*" wurde geschunkelt und gesungen,
derweil hat Frau Dr. Pille um die Gesundheit zahlreicher Puppen gerungen.
Seither streut allabendlich „*Unser Sandmännchen*" Schlafsand in Kinderaugen,
beim „*Verkehrskompaß*" konnten wir prüfen, ob wir mit unserem Wissen noch für den Straßenverkehr taugen.
Die „*Flimmerstunde*" machte einmal wöchentlich im Fernsehen ihre Runde.
Mal hieß es „*Hoppla*" „*Zahn um Zahn*"
auch „*Ellentie*", die war mal dran.
Im DDR-Fernsehen lief so allerlei,
das Programm bot die Zeitschrift „*FF dabei*".
Ob Agnes Kraus oder Ingeborg Krabbe,
Manfred Krug mit „großer Klappe",
Helga Göring, Renate Blume, Uta Schorn ...
alle sin se im Fernsehen was jeworn.
Wünschen war immer schon aktuell,
mittels „*Wunschbriefkasten*" ging das manchmal recht schnell.
Sketche, Musik und Filmausschnitte,
präsentierten Uta Schorn, Gerd E. Schäfer oder Lutz Jahoda auf Zuschauerbitte.

An dieser Stelle eine Bitte noch an Sie:
Vergessen Sie Ihre Wünsche und Träume nie!

Die zehn Gebote

Woran denken Sie jetzt? Welche zehn Gebote kennen Sie? Leben Sie vielleicht nach ganz eigenen Geboten?

Als Jungpioniere haben wir einst neben anderen Geboten versprochen,

- unsere Eltern als auch den Frieden zu lieben
- fleißig zu lernen, obendrein ordentlich und diszipliniert zu sein
- überall tüchtig mitzuhelfen
- Sport zu treiben und unseren Körper sauber und gesund zu halten
- zu singen, zu tanzen und zu spielen (sowie zu basteln ☺)
- gute Freunde zu sein und einander zu helfen

Angelehnt an die aus meinem *„TEDDY-Konzept"* stammenden 10+2 Tipps für mehr Energie & Wohlbefinden (Die Tipps können Sie sich hier herunterladen: http://www.teddy-konzept.de/) lesen Sie nun zehn „Gebote" eines früheren Dorfkindes, dass in der DDR aufwuchs.

Zehn Gebote für Sie und ein erfülltes Leben

1. sich regelmäßig – am besten täglich – in die Natur begeben
2. Probleme als Herausforderungen annehmen und an ihnen wachsen
3. von regional und saisonal vorhandenen Lebensmitteln ernähren
4. der inneren Stimme vertrauen und ihr folgen
5. im Einklang oder zumindest angelehnt an natürliche Rhythmen leben
6. regelmäßig Stille genießen und Ruhe finden
7. sich selbst und anderen kleine Freuden bereiten, die ganz große werden können
8. jeden Tag aufs Neue dankbar sein
9. sich stets seine Lebensträume vor Augen halten
10. etwas verändern, wenn ich unzufrieden bin

Sie können diese Sätze für sich umformulieren und mit „Ich" beginnend umschreiben. Damit haben sie eine noch größere Wirkung.

Egal nach welchen Vorsätzen Sie leben, mögen Sie glücklich sein. Ich wünsche Ihnen von Herzen alles Gute und noch viel mehr.

Haben Sie vielen Dank für Ihr Interesse an diesem Buch.

Ein Kapitel, dass Sie schreiben dürfen

Ich weiß, dass es in diesem Büchlein um meine Erinnerungen geht. Vielleicht haben wir gemeinsame Erinnerungen, weil Sie Ähnliches erlebt haben. Es kann sein, dass wir uns kennen und Sie eine Erinnerung an mich – hoffentlich eine gute ☺ – festhalten möchten. Dafür ist hier Platz.
Desweiteren für solche, die Sie allein aus Ihrem Leben haben. Nutzen Sie den Platz. Sie können auch gern ein Foto hinein kleben, etwas malen oder reimen.
Viel Freude dabei ☺

…………………………………………………………………
…………………………………………………………………
…………………………………………………………………
…………………………………………………………………
…………………………………………………………………
…………………………………………………………………
…………………………………………………………………
…………………………………………………………………
…………………………………………………………………
…………………………………………………………………
…………………………………………………………………
…………………………………………………………………
…………………………………………………………………
…………………………………………………………………

Andrea Kilz
Ganzheitliches Coaching + Physiotherapie
Freiherr-vom-Stein Str.2
04895 Falkenberg

Tel.: 0152 59727991
Email: ak-coaching@mail.de

Im Internet:
www.andreakilz.de
www.teddy-konzept.de
www.andreakilz-coaching.de

weitere Veröffentlichungen von Andrea Kilz:

Erinnerungen eines Dorfkindes in der DDR

Längst vergessene Episoden wie: Einen Fußball verschlucken ist nicht schwer

Irgendwann kann sich vielleicht niemand mehr vorstellen, wie es einmal war. Als guter 74er Jahrgang haben mich die Trommel, Sternrecorder und Röststulle von der Herdplatte begleitet.
Auf des Flämings sanft gewellten Höhen durfte ich in dörflicher Idylle aufwachsen. Weite Felder, Wiesen und Kiefernwald - pure Freiheit.
Kartoffeln stoppeln, Konsummarken kleben und mit dem Handwagen zur Eierannahmestelle ziehen - so machte das Leben Spaß.
Frische Luft und Ruhe - außer es rollte eine Panzerkolonne durchs Dorf ...
Unsere Kindheit prägt uns bis ins Erwachsensein ...

ISBN: 9783748151494

Lächelnd voller Energie mit TEDDY

Ein Buch für Groß und Klein
auf dem Weg zum Glücklichsein

Märchenhaft beginnt Andrea Kilz von der Reise eines Teddys zu erzählen, auf der er seine Herz-Dame trifft. Angekommen im neuen Zuhause, berichtet er auf eine liebenswerte Art von seinem Alltag und all dem, was er dort über das Leben lernt.
Darüber, wie wir Menschen glücklich und bei guter Kraft leben können.

- Rezepte + Übungsanleitungen für Körper, Geist & Seele
- Weisheiten + Zitate
- Wissen aus der Traditionellen Chinesischen + Modernen Medizin
- Fotos, die große und kleine Herzen berühren

Teddy brachte die Idee für Andrea Kilz´ TEDDY-Konzept, mit dem auch Sie für mehr Energie, Gesundheit & Wohlbefinden sorgen können. Finden Sie Entspannung und inneren Frieden, um Ihr volles Potential zu entfalten: www.teddy-konzept.de

ISBN: 9783748199465

Ein Tagebuch für Erwachsene

Ihr Schlüssel zu Lebensfreude, Zufriedenheit & Glück

Sie finden in diesem Buch für jeden einzelnen Tag im Jahr eine Seite.
Indem Sie hineinschreiben, wofür Sie dankbar sind, was Ihnen gelungen ist und Freude bereitet hat, richten Sie Ihre Konzentration vermehrt auf die positiven Dinge in Ihrem Leben.
Damit schaffen Sie die Basis für Zufriedenheit, Lebensfreude und Glück.
Das Gesetz der Anziehung sorgt dafür, dass Sie das in Ihr Leben ziehen, worauf Sie sich konzentrieren - seien es nun positive oder negative Dinge.

*Ihr **Bonus** in diesem Buch sind **12 sofort umsetzbare Tipps für mehr Energie**:*
Sie erfahren, wie Sie Ihre Lebensgeister mobilisieren, Kraft schöpfen und zu mehr Elan gelangen können.

ISBN: 9783748150954